JN224672

神の国日本の
優美な暦

和の心を活かす
神聖なしきたり

上

森井啓二

きれい・ねっと

はじめに

日本には、美しい文化と気高い精神性があり、日常生活と共に多くの行事や御神事やしきたりがあります。

それらはすべて、先人たちの知恵の結晶であり、また目に見えない高次元の存在たちの導きによって、大切に育まれてきたものです。

多くの行事には、霊性進化のための惟神《かんながら》の道を順調に歩んでいけるように考えられた仕組みが隠されています。

行事は、「事を行う」と書く通り、一つひとつの所作を丁寧にすることで、多くの気づきをもたらしてくれるものです。

その奥深い仕組みに気がつくための要となるのは、新嘗祭です。

私たちは、今もう一度、先人たちから受け継いできた知恵を見直して、理解し、美しい文化を最大限に享受しながら、天界に富を蓄えて、未来の世代へと伝えていく必要があります。

日本の文化は、人を正しい方向へと導いてくれる力を持っています。

是非、本書を通じて、日本の文化を楽しんでみてください。

もくじ

はじめに …… 2

一月

・お正月（四方節） …… 14
・明けましておめでとうございます …… 18
・初日の出 …… 21
・門松（松飾り・飾り松・立て松） …… 27
・注連飾り …… 30
・若水迎え（若水汲み） …… 35
・相手を思いやる年賀状 …… 38
・一年の行動を決める書初め …… 42
・一年間の運勢の象徴となる初夢 …… 43
・歳神様と共に味わうお節料理 …… 46
・自分を省み清める鏡餅（御鏡） …… 49

・神様と人を結ぶお屠蘇（元日御薬）……52
・心を神様へと調律する初詣……54
・絆を深めるお正月遊び……56
・神社参拝の作法……62
・しぶんぎ座流星群……70
・静寂へと誘う寒月……74
・日本人の美の精神を思い出す……76
・人日の節句（七草の節句）……78
・七福神詣（七福神参り・福神詣）……82
・成人式……84
・小正月（女正月）……87
・左義長（どんど焼き・おんべ焼など）……89
・藪入り（宿下り・六入り・親見参）……91
・二十日正月（骨正月・頭正月・棚さがし）……94
・寒さが極まる大寒……95
・冬の土用……100

二月

・うるう年とうるう秒……104
・二日灸（如月灸・二日焼）……106
・節分（寒さ離れ・豆まき・鬼やらい）……108
・新たな年の始まり、立春……116
・北方領土の日……118
・建国記念の日（紀元節）……124
・商売繁盛を祈る初午……126
・道具に敬意を払う針供養……129
・梅見（観梅・梅祭り）……131
・五穀豊穣を祈る祈年祭……134
・春一番……137

三月

・啓蟄（驚蟄）……144
・修二会（十一面悔過法要）……146
・上巳の節句（桃の節句・草餅の節句）……149
・円の日……154
・国際女性の日……156
・五箇條の御誓文……160
・言霊の美しさを味わう精霊の日……162
・春分（春季皇霊祭）……170
・春の社日……172
・春のお彼岸（御日願）……173

四月

・世界一短い定型詩……178
・エイプリルフールと不義理解消の日……179
・新学期……181
・神武天皇祭（神武さん）……182
・お花見は御神事……183
・鎮花祭（薬祭り）……188
・野遊び・磯遊び……190
・健康の日（世界保健デー）……194
・お釈迦様の誕生日、灌仏会……198
・卯月八日……200
・雁風呂と山川草木悉皆成仏……201
・メートル法公布記念日（度量衡記念日）……204
・十三詣り（知恵参り・知恵詣）……207
・春の土用……209

・身魂を磨く武道 212
・昭和の日 214

五月

・八十八夜 218
・憲法記念日 220
・端午の節句・こどもの日 222
・呼吸の日 226
・母の日 231

六月

・衣替え 238
・稽古始め 240
・時の記念日 243

・入梅（梅雨）……248
・月次祭……253
・和菓子の日（嘉祥の日）……254
・父の日……256
・元号の日……258
・沖縄慰霊の日……261
・初夏の風物詩、蛍狩り……263
・本格的な夏の到来、夏至……268
・夏越の大祓（六月祓）……271

下巻もくじ

七月

・無垢な自然と向き合う山開き
・夏に向けて心身を調える半夏生
・七夕の節句（七夕・銀河祭・笹の節句）
・相撲節会
・川の日
・美しい生き物、蜻蛉
・四万六千日分の功徳
・感謝を贈る御中元
・心を寄せ合う暑中見舞い
・三伏の日
・夏の土用
・氷の朔日
・涼を感じる蓮見
・海の恩恵に感謝する海の日

八月

・自然界に触れる山の日
・原爆の日（原爆忌）
・ペルセウス座流星群
・お盆（盂蘭盆会・精霊会）
・楽しみ喜ぶ盆踊り
・戦没者を追悼し平和を祈念する日
・五山送り火
・旅先で大切な人を想う御土産
・八朔（田の実の節句）
・喜びを分かち合う夏祭り
・花火大会

九月

・防災の日
・二百十日（風祭り）
・重陽の節句
・菊の被綿（着せ綿）
・放生会
・苗字の日
・中秋の名月（十五夜・芋名月）
・虫の音（虫時雨）
・秋の七草
・秋の社日
・敬老の日
・秋分の日（秋季皇霊祭）
・秋のお彼岸と和する精神

十月

・国際音楽の日
・世界動物の日
・畳替え
・国際森林デー
・暖房出し

・十三夜（栗名月・豆名月・小麦名月）
・神嘗祭、新嘗祭に先立つ御神事
・えびす講（えびす祭、えべっさん）
・紅葉狩りと侘び・寂びの精神
・秋の土用

十一月

・教育の日
・文化の日（明治節）
・木枯らし1号（凩1号）
・亥の子
・立冬と茶事
・商売繁盛を願う酉の市
・七五三
・新嘗祭・大嘗祭（勤労感謝の日）

十二月

・御歳暮、贈り物の原点
・煤払い（煤払いの節句）
・ふたご座流星群
・忘年会
・生まれ変わりの日の象徴、冬至
・本当のクリスマスとは
・年の市
・正月飾り
・大晦日（大晦・除夜・大年の夜）
・年越の大祓（師走の大祓）
・年越し蕎麦
・除夜の鐘（百八の鐘）

あとがき

暦について

・暦
・一週間
・旬
・二十四節気と雑節
・七十二候
・五節句（五節供）
・「ケ」と「ハレ」
・しつらい（室礼）
・太陽暦・太陰太陽暦・太陰暦
・月の名称
・六曜
・吉日
・しきたり
・御神事

一月

睦月《むつき》・建寅月《けんいんげつ》・泰月・初春月・端月・正月・元月・祝月・初月・始月・子日月・太郎月・早緑月《さみどりつき》・初空月・王春・新春など

旧暦では、和風月名《わふうげつめい》と呼ばれる、月の和風の呼び名を使用していました。例えば1月は睦月を代表に、約100の別名があります。

1月は、新年を迎えて人が集まり睦《むつ》み合う、睦《むす》び月《つき》です。

お正月（四方節《しほうせつ》）

元日から一月三日まで（三が日）、または松の内（一般的に一月七日、地方によって異なる）までの期間をお正月と呼びます。

「元旦」と「元日」は、少し違います。

「元旦」は、元日の朝を意味します。「旦」は、太陽「日」と地平線を表す「一」から成り立つ漢字です。「元日」は、一月一日を意味します。

元日の「元」は、元に戻ることを意味します。一年の元《はじめ》の日であり、すべてを心機一転、新たに始める日です。

日の出一時間半前の時間帯は、一日のうちで最も神聖になれる時間帯です。

ヨーガでは、この時間帯を「ブラフマンの瞬間」と呼び、神と共に過ごすためのとても貴重な時間としてきました。

この時間帯は、自然界のエネルギーの流れが静かで穏やかで、心身も世俗の喧騒から離れてリラックスしており、生命エネルギーがスムーズに流れ、鼻呼吸が左右均等に行われます。

元旦は、大晦日《おおみそか》からずっと起きている人も、初日の出を見るために早起きする人も多いと思います。是非、ご来光の前に起きて、美しい一年の始まりを迎えましょう。

元日は、皇室行事である四方拝《しほうはい》の儀にちなんで「四方節《しほうせつ》」とも呼ばれる、四大節《しだいせつ》（紀元節、四方節、天長節、明治節）の一つです。

四方拝は、元日の早朝に、宮中の神嘉殿《しんかでん》の南庭で天皇陛下が天地四方の神祇《じんぎ》を拝する儀式です。四方拝では、白砂の上に畳を敷いて、屏風に囲われた御拝座から、神々へと向けて遥拝《ようはい》されます。

四方とは、方角（東西南北）・季節（春夏秋冬）・時間（朝・昼・夕・夜）など、この世界のあらゆるものをすべて網羅し、そこにいる神々に拝する儀式になります。

天皇は、天照大神《あまてらすおおみかみ》を祀《まつ》る神宮に向かい拝礼し、それから東南西北の順に祈られます。古い時代には、北斗七星も拝み、さらには神武天皇陵、先帝陵、皇居の産土神《うぶすながみ》である埼玉県の氷川神社、京都の産土神である上賀茂神社・下賀茂神社、応仁天皇を祀《まつ》る京都の男山神社、そして、茨城県の鹿島神宮、千葉県の香取神宮の順に遥拝されていました。

神々がこの世界を支えてくださるおかげさまで、人は安心して地上で暮らすことが出来ます。神々は世界を支える柱であり、このため神を数える時には、一柱二柱……と数えます。

神の子である私たちの体も、肉体的には脊椎《せきつい》と脊髄《せきずい》、霊的には霊的脊髄スシュムナーと呼ばれる柱を保有しています。

平安時代の宇多天皇の日記には次のように記されています。

「我が国は神国である。だから毎朝、四方の大中小の天神地祇《あまつかみくにつかみ》を拝むのだ。これ以降一日も怠ることなく行う」。

この毎朝の祈りは、「毎朝御代拝《まいちょうごだいはい》」として、侍従たちによって今日まで受け継がれているものです。

四方拝に続いて歳旦祭《さいたんさい》が行われます。

歳旦祭は、天照大神、歴代天皇・皇族の御霊《みたま》、八百万《やおよろず》の神々に加護を祈る御神事です。

国家の繁栄と国民の幸福を願い、祈ることは、すなわち地上に降り立ったすべての人間の霊的豊穣と真の至福に到達することを願うという、真の意図があります。

各家庭においては「歳神様《としがみさま》」がやってきます。

歳神様は、正月様、歳徳神《としとくじん》などとも呼ばれます。歳神様は、ご縁のある神様だけではなく祖霊神、つまりご先祖様も含まれています。

歳神様は元旦から松の内までの期間、家に滞在してくれます。**歳神様は、生命エネルギーである御歳魂《おとしだま》を授けてくれる大切な神様**です。御歳魂のエネルギーは、お餅に込められて、配られてきました。お年玉としてお餅がお金に変わったのは、江戸時代に商人たちが奉公人に配ってからとされています。お餅からお金に変わっても、渡されるのは歳神様のエネルギーなのです。

眼には見えなくても、元旦から神様と共に過ごす意識を持つことがとても大切です。

「把手共行《はしゅきょうこう》」という禅語があります。

この言葉には、私たちはいかなる時でも一人ではなく、いつも自分の内側に宿る、仏様をはじめたくさんの存在たちと共に歩んでいるという意味があります。

歳神様は、自分の中に内在する神様の一部が、外側の世界に投影されたもの。

一人に見えても、いつもどこでも一緒にいます。そして、すべての存在とも繋がっているのです。

明けましておめでとうございます

お正月の第一声は、「明けましておめでとうございます」という言祝《ことほ》ぎから始まります。

新年は、歳神様と人との共同生活から始まります。歳神様への感謝の気持ちと豊作と幸せを願う祈りを込めた言霊《ことだま》が「おめでとうございます」でした。

江戸時代には、「謹んで御慶《ぎょけい》申し上げます」という言い方もよく使われていたそうです。

「一年の計は元旦にあり」というように、元旦の心の在り方がこの一年を左右します。元旦から心を込めて「おめでとうございます」「ありがとうございます」「おかげさまです」「愛しています」など、**美しい言霊を響かせましょう。**

それが、一年中美しい言霊を響かせることの決意にもなります。

新年早々から、「言霊の幸《さきわう》はふ国」日本の本領が発揮出来るのは素晴らしいことです。特にお正月は、良い事を思い、良い言葉を使うことを心がける風習が多くあります。農作物を食い荒らすネズミも、三が日は「嫁《よめ》が君《きみ》」「嫁御」「嫁様」「姉様」などと呼んでもてなす気持ちを表します。ネズミは、大黒天の使いでもあるのです。また、普段は好まれない真っ黒なカラスも、元日は「初鴉《はつがらす》（初烏）」と呼び、新年早々にその鳴き声を聞くと神の使いである八咫烏《やたがらす》に通じて目出度《めでた》いとして好まれます。雨も三が日の間は、「降る」が「古」に通じることから使われず、「御降《おふ》り」と呼ばれて縁起が良く、五穀豊穣の吉兆として喜ばれます。

日本の挨拶は、すべて美しい言霊を持っています。

挨拶の語源は、仏教の「一挨一拶《いちあいいっさつ》」です。「挨」はお互いに近づくこと、「拶」は心を寄せることです。

挨拶は、良好な人間関係の構築にはとても有用な手段です。

定番の挨拶「こんにちは」は、太陽神を表す「今日様《こんにちさま》」が語源とされています。インドの挨拶「ナマステ」も、「ナマス：礼拝する」に「テ：あなた・あなたの中の神」が合わさった言葉で、お互いに真我を敬う「こんにちは」と同様の挨拶です。

「お元氣ですか」も「元の氣、主神のエネルギーを充実させていますか？」という挨拶になります。

「さようなら」は、「こんにちは」を受けての「左様なら」であり、「神と共に在るならば（良い日々が続くでしょう）」という意味です。

ヨハネの福音書第一章一節には「初《はじ》めに言《ことば》があった。言は神と共にあった。言は神であった」とあります。「言《こと》」と「事《こと》」には、同一性があります。

そして日本語は、神の波動を純粋に表現した、自然界の波動に最も近い言語の一つ。

「言霊の幸はふ国」日本は、まさしく神と共にある国といえるのです。

初日の出

元旦に昇る太陽が「初日の出」です。
初日の出を見る風習も比較的新しい文化の一つですが、ご来光を見る習慣は、太古の時代から世界各地で根付いていました。

元旦に関わる大和言葉では、初日の出前の空が「初茜《はつあかね》」、初日の出の雲は「初東雲《はつしののめ》」、吹く風は「初風」、海が穏やかなら「初凪《はつなぎ》」と言います。元旦に雨が降れば、「御降り」「御さがり」または「富正月《とみ》」と言って、その年は豊作となるとされています。

日本で一番に初日の出が見られるのは、東京都の小笠原諸島の母島です。次いで、富士山山頂。離島や山を除いて、最も早い初日の出は、千葉県の犬吠埼《いぬぼうさき》です。

神聖な言葉である「聖《ひじり》」は、元は「日知り《ひしり》」に由来する言葉で、日を知る、太陽を知るという意味に由来します。太陽は神の象徴であり、太陽を知るとは、神を知る者、真我を知る者という意味になります。

「聖」の字は、耳と口の王と書く通り、真我に到達した者は、耳と口に代表される身体器官を制御した者という意味が込められています。

心に覆われた真我は、心を徹底して清めることによって、その霊光を妨げられることがなくなり、輝きを増していきます。

日本は「日出《ひいず》る国」と言いますが、これも霊的には、私たち一人ひとりに内在する神である真我が発する霊光を、世界に先駆けて顕現《けんげん》することを意味しています。

また、これは「霊《ひ》出る国」とも書きます。これは国籍や人種という狭い枠を超越したもので、霊籍に基づくものです。霊籍は、幾多の過去世で積み重ねてきた功徳による分類です。しかしながら、現段階では様々な要因によって、日本人が有利であることは言うまでもありません。

日本の国旗「日の丸」は、中心に太陽がある、つまり中心に神・真我があることを心に留めておくことを表明したものになります。その周りの白地は、純真無垢な精神を示し、生命エネルギーに満ちた赤い真我と結んでいます。

赤は「火（カ）」、白は「水（ミ）」の象徴でもあります。人間の最高の境地としての神人の象徴でもあり、天意《あい》が顕現された清らかな宇宙の象徴でもあります。

日本人と同じように、父なる太陽と母なる大地を尊重する生き方をしたのが、北米先住民族です。

先住民たちは、朝のご来光に向かって祈りを捧げ、収穫の時期には最初の収穫物を太陽に向かって捧げ、タバコの煙でさえ、最初の一服は太陽に捧げていたという記録が、白人によって残されています。また、太陽の光に敬意を表して、火を消えることなく灯し続けるという風習もあったようです。

また、先住民たちは、父なる太陽が、物質的な太陽だけではなく、霊的な太陽の象徴であることを、深いレベルで理解していました。

物質的な太陽が光と熱やエネルギーを地上にもたらし、そのおかげで作物や果実が育つように、天からの霊的太陽のエネルギーが、私たちの魂に栄養を与えてくれることをよく知っていたのです。

さらに、霊的太陽は私たち一人ひとりにも内在し、ハートの位置から清らかな霊光を放射していることも伝承されていました。**心臓の位置に在る霊的太陽の光が、地上の人生においての基本的指針となり、その光に沿った行動が求められました。**

皆で集まり、話し合いをする時には、必ず輪の真ん中に明かりを灯す。それは大霊の象徴であり、常に父なる神が共にいることを示している。

（オヒイェサ／北米ダコタ・スー族）

子供のころ、昇ってくる太陽を拝むことが、その一日を光で満たしてくれるのだと教えられた。〝起きなさい。日の出を見ることが、あなたが一日の初めにすること。起きたとき雨や曇りの日もある。そうであっても起きて太陽に向かいなさい〟。

大人になって、親たちがなぜこの拝日の習慣を教えたのか理解出来るようになった。それは朝起きたとき、人は感謝の気持ちで満たされていなければならないということ。そして、今日という一日を良い気持ちではじめるということ。私が小さな頃は、村人たち全員が日の出前に起きていた。

（デクストラ・クォッキバ／北米先住民ホピ族）

父なる太陽よ、成長していくこの子に光を注いでください。この子の身体のすべての部分が、肉体的・精神的に健やかに育ちますように。
あなたの暖かく愛に満ちた力で、この子を包み込んでください。人生の曇りの日があっても、あなたが輝き続けていることはわかっています。どんな時でもこの子を光で照らし、お守りくださいますように。

（ベア・ハート／北米先住民クリーク族）

「曇りの日であっても、太陽（霊的太陽）はその上でいつでも輝いている」という先住民の言葉と同じことを、空海も述べています。

日月星辰《じつげつせいしん》は本より虚空に住すれども、雲霧蔽虧《うんむへいき》し烟塵映覆《えんじんえいふく》す
（太陽、月、星は、雲や霧、煙や塵に遮られて見えない時もあるが、どのような時でも常に空に輝いている）

（空海）

これは、物質的な太陽や星を喩えとして、心の中の霊的な光のことを意味しています。

その霊光を遮る雲や塵とは、私たちの自我の汚れです。

太陽は永遠の輝きの象徴であり、霊的太陽は自己実現へと向かわせ、活力の源となります。

（シルバー・バーチ）

太陽崇拝の霊的な真理は、人体に内在する魂、ハートに在る霊的太陽光を礼拝することにあります。

（ホワイトイーグル）

古代人が礼拝していた太陽は、物質的な太陽というよりも、霊的太陽による神聖なる生命エネルギーの源でした。

（ホワイトイーグル）

ご来光が上がってくる前にまず、自分のハートに光り輝く霊的太陽があることをイメージしてください。それは、力強い生命エネルギーと美しい霊光に満ちています。

初日が出てきたら拝みながら、**太陽と自分のハートの霊的太陽を共鳴させるイメージを持ってみましょう。**

深遠な安らぎと共に、物質世界で溜めた心の垢《あか》が消えていき、ハートの霊的太陽から純粋な愛が溢れてくるのを感じてみましょう。

門松（松飾り・飾り松・立て松）

門松は、歳神様を家に迎え入れるための「依《よ》り代《しろ》」となる「神土待《かどまつ》」で、これを目印として歳神様がやってくるとされてきました。この風習は、**神を求める意志を高めるためのものでもあります。**

昔は、お正月には多くの家で玄関先に門松が立てられていました。門松の仕立ては地域ごとに様々です。

一般的な門松は、3本の竹を中心にして、根元を松で囲み、その周囲を藁《わら》で巻いた門松です。「松は千歳を契《ちぎ》り、竹は万歳を契る」と言われ、縁起物として松竹が使われています。

特に松は、「祀る」「神様を待つ」に通じ、冬でも落葉しない常緑高木のため生命力の象徴になっています。

竹を一緒に飾るようになったのは、鎌倉時代以後です。竹は真っすぐに伸びて折れにくく、竹の子が出てくることから子孫繁栄の象徴です。

また、古い時代には松竹だけでなく、榊《さかき》や椿、樒《しきみ》などの常緑樹も使われていました。

江戸で飾られる門松は、竹の先端が斜めに切られています。これは徳川家康が松平姓を名乗っていた時代があり、竹を敵対していた武田家に見立てて斜めに袈裟《けさ》斬りし、松（松平）で包囲するという意図が隠されています。この竹の切り方が、江戸庶民にも広まりました。

門松が全国的に広まったのは明治時代で、小学校の正月の式典で歌われた「一月一日」という唱歌の影響です。

♪　年の初めの例《ためし》とて　終わりなき世のめでたさを
　　松竹立てて　門ごとに　祝う今日こそ　楽しけれ。

門松の設置は、12月13日の「松迎え」後から12月28日までに行います。

門松がある期間のことを「松の内」と呼びます。門松の撤去は、「松下ろし」「松送り」「松引き」「松納め」など地域によって言い方が異なります。

松の内は、伝統的には元日から1月15日までですが、「左義長《さぎちょう》（地域によっては「どんど焼き」とも言われる）」が行われる地域では、左義長で門松を焼くので、その日程に合わせます。また、関東では7日までとすることが多くなっています。

関東の早い松下ろしは、江戸で明暦3年1月18日に発生した「明暦の大火」がきっかけとなっています。門松は、時間がたつと乾燥して燃えやすくなり、大きな火災現場にあると、火の広がりを悪化させてしまうのです。そこで江戸幕府は、火災予防のために松の内を1月7日までとするお触れを城下町に出しました。

最近では、住宅事情もあり、門松を置く習慣は消えつつありますが、門松を紙に印刷したものを玄関口に貼る家が増えています。また、小さな寄せ植え風の門松や人工的な素材の門松なども市販されています。さらには、門松の製作・設置・撤去までのすべてを行うサービスもあります。

どのような形式であれ、門松を置く理由だけはしっかりと知っておきたいものです。

日本の伝統行事や様々なしきたりには、目に見えないものを大切にするものが多く見られます。

日本語には「心」の付く言葉がとても多くあります。また、「氣」の付く言葉も多くあります。これは、日本人がいかに見えない領域の「氣」や「心」を大切にしているかを示しています。

注連飾り

お正月近くになると、玄関口や神棚などに「注連飾《しめかざ》り」を飾ります。最近は、紙に印刷した簡易的なものもあります。これも門松同様に、歳神様をお迎えする準備になります。

歳神様を迎える心構えを示すために飾るのです。

注連縄《しめなわ》にウラジロ、ユズリハ、橙《だいだい》などをつけて作ります。これら添え物は、縁起を担《かつ》ぐものになります。

注連縄は、古い時代には、五穀豊穣の感謝と次の年の豊作への祈りを込めて、稲藁《いなわら》を利用し、雨と雷を司る龍神様を思いながら縄を編んで、神様に捧げた祭祀が起源とも言われています。

その神様に感謝する人々の思いを、神社が引き継いだのが始まりなのでしょう。

一般的な作業用の縄は、右綯《みぎなえ》といって右手を上、左手を下にして綯《な》っていきます。祭祀に使われる注連縄は、左綯《ひだりなえ》といって、左手を上、右手を下にして綯っていきます。これは左を神聖視するためです。

右回りと左回りの糸の束を縒《よ》り合わせた縄は、統合された二元性、創造二神の「国産

み」の結びを表象し、渦状の縒り合わせは神氣のエネルギーの流れを象徴しています。

注連縄は、人の目には見えない神氣を、理解させるためのものになります。


注連縄は、「神氣」の象徴です。

神様のエネルギーである神氣は、回転し、渦になり、螺旋《らせん》になり、万物万象を創造しています。素粒子、原子、細胞、生物、星、宇宙に至るまで、すべてはエネルギーの渦で構成されています。それは、すべてが神のエネルギーの現れだからです。


注連縄の多くは、神からの授かりものである、お米の稲藁から作られています。

「しめ」は、「神《かみ》」を表す「示《しめ》」に由来します。

「なわ」は、多くの意味が多重に含まれています。ここでは二つ書いておきましょう。

「なわ」は、「名を和す」に由来するものです。

「名を和す」とは、二元性のすべてを一つに和すという意味が込められています。「名(な)」の語源には、新しく分かれていくという意味があり、これは二元性の世界の創出を意味します。

国歌「君が代」で示されているように、「な」で分離した、「キ（神、見えない世界、氣、イザナギ）」と「ミ（人、物質世界、身、イザナミ）」を和すことが、代表的な「なわ」の意味になります。

さらに「なわ」は、「名輪《なわ》」でもあります。

二元性のすべてが循環する輪であるという神理を示すものです。

私たちが「輪」と言う時、様々な輪があります。真理の輪、行いの輪、人生の輪、霊的中枢の輪、生命の輪、輪廻の輪、魂の輪、星の軌道の輪、宇宙循環の輪など……。私たちの身体の中にも、血液循環やリンパ液循環、エネルギー循環などといった様々な輪があります。

すべては天意に沿った流れを形成しています。人は、様々な輪の中で自分に必要な資質を学び、同時にすべての存在への愛と敬意を学んでいくのです。

「しめなわ」という言葉は、神様の元で二元性を統合することに繋がっているのです。

神氣の象徴である注連縄には、結界の意味があります。

注連縄より内側は、神が占める領域であることを示しています。また、神が占める領域に邪氣が入らないように、穢《けが》れを寄り付ける役割も持っています。

結界は、生きた神氣で作られています。

それは生きている細胞膜のようなもので、流動性があります。物質界での結界の強度は、神氣の波動の質によって各々異なります。

結界が地上で低い波動を受けて、硬く粗雑になると、「羅（粗い網）」に致らせる「羅致」という状態になることもあります。「羅」には、「うすもの」という読み方もあります。そうなるとその結界に囚われ、結界を解除しにくい「羅致があかない」という状態になることもあります。

注連縄は基本的に、神棚から見て左側、神棚に向かって右側が注連縄の綯い始めとなるように飾ります。この張り方は「入船《いりふね》」と呼ばれます。これは神棚の向きや目的、地域によっても変わることがあります。

お正月の注連飾りには、様々な形があり、基本的には向きや方向は自由に飾ることが出来ます。ただし、牛蒡《ごぼう》注連や大根注連では、地域によって推奨する向きが定められています。

注連縄飾りで、家の中に神聖な氣を拡げていきましょう。

注連縄の真意は、自分の関わる世界のすべてを神聖な領域にする決意を持つことにあります。

若水迎え（若水汲み）

若水《わかみず》迎えは、元旦に井戸から初めて水を汲むことで、神棚に供え、炊飯に使います。家の主人か、長男の役割とされていました。

平安時代の宮中では、若水は立春の日に主水司《もいとりのつかさ》から天皇へ献上され、その若水で食事が作られていたという記録が残されています。その若水が、時代を経て、正月の早朝になっていきました。今でも地方によって、汲む日が異なります。

若水には、生命エネルギーを強め、若返りの力があるとされてきました。これは、月読命《つきよみのみこと》の若返りの水の信仰に由来するという説もあります。

若水は、地方によって様々な言い方があります。福水（ふくみず）、初水（はつみず）、初井（はつい）、若井（わかい）、初穂水（はつほみず）、井華水（せいかすい）、一番水など。

お正月の小寒《しょうかん》から立春前日までの30日間を「寒の内」といいます。この時期の水は、「寒の水」といい、清らかなエネルギーに満ちて浄化力も強く、醤油《しょうゆ》や日本酒などの寒仕込みに使われてきました。小寒は、「寒太郎」とも呼ばれます。小寒から9日目は「寒九《かんく》」と呼んで、この日の水は薬を飲むのに最適とされていました。

現代の都会には、井戸がほぼありません。水道の蛇口にお正月の輪飾りをつけて、感謝の気持ちを込めて、若水を汲みましょう。ペットボトルの水であれば、ボトルに輪飾りをつけて、元旦のご来光を浴びたものを若水として利用しましょう。

日本で家庭の水道を「蛇口」と呼ぶのは、小さな龍である蛇に由来するものです。

龍と水の関係は、龍が頭にある博山《はくさん》と呼ばれる肉の盛り上がりの中に、尺水《せきすい》というエネルギー水を溜めているとされていることに由来しています。中国では、龍は水との親和性が強く、雨を降らせると言われています。このため、日本でも龍神様は水を司ると考えられてきました。

日本は、清らかな水に恵まれた潤い溢れる国です。

国内の平均雨量は１８００㎜と豊かで、飲料として利用出来る水が全国どこにでもあります。山岳地帯が主体の土地で、大陸とは違い、水が地下に滞留する時間が短めであるため、ミネラル分が少ない軟水であるのが特徴です。

このような、水が豊富な環境で生まれた食文化が「和食」です。

良質な水は、とても重要です。体内に摂取された水の中の最も微細な部分は、生命エネルギーへと転化されます。

エドガー・ケイシーは、**水は物質世界における万物の母体であり、霊的な力と物質的な力の接点となる**と語っています。

日本人が、霊的な能力を使いやすい体質であるのも、日本語の言霊に加えて、水が豊富であり、気候も湿潤で多くの水を含む国土で生まれ育つことが関係しています。

若水を飲むことは、身体を内側から清らかにする行為です。是非、飲む前に「おめでとうございます。ありがとうございます」と、水と美しい言霊を共鳴させてから、いただきましょう。

さらにその習慣を、いつも水を飲むときにも行うようにすれば、どんなに素晴らしいことが起こることでしょう。

相手を思いやる年賀状

年賀状は、お世話になった人、大切な人、遠方で会えない人、近くにいても会う機会のない人、親族への「年始回り」の代わりになって、近況報告を行える便利な手段です。

年賀状の歴史は古く、平安時代にはすでに存在していたことが知られています。平安時代に藤原明衡《あきひら》が作った文例集「雲州消息《うんしゅうしょうそく》」の中に、年賀の挨拶の文例が収録されています。この時代の年賀状は、年賀はがきではなく、書状です。

江戸時代になると、飛脚《ひきゃく》制度も発達し、庶民も読み書き出来たことから、年賀状が普及し始めました。江戸時代までは、年賀状の書状は元旦に書くものでした。

明治4年には郵便制度が出来て、さらに明治6年には郵便はがきが誕生し、年賀状は書状からはがきへと移行していきました。

明治20年頃にはすっかり国民的な行事の一つに定着したのですが、実は関東大震災から第二次世界大戦までの大難続きの間に、年賀状の慣習はほぼ消えかけていたのです。でも、昭和24年末からお年玉付き年賀状の発売が始まり、年賀状は復活を遂げて、一般にすっかり定着しました。初回のお年玉付き年賀状の特賞はミシンでした。


ちなみに、日本で最初に仕事中に拳銃を所持した職業は、警察官ではなく、郵便局員でした。

郵便制度が発足した明治時代初期は、多くの武士が仕事を失い、不満を持つ士族が各地で反政府活動を起こし、強盗事件も多発していました。

このような状況下で、郵便配達員は現金書留や政治的な公文書を配達していたため、配達中に殺されてしまう事件も起きていました。郵便強盗は、配達人の生命を危機に晒《さら》すだけでなく、国家の機密にかかわる重大犯罪と見なされました。

明治政府は、明治3年に一般人が無許可で刃を所持することを禁止、さらに明治9年には「廃刀令」を公布し、皇族、政府の役人、警察官、軍人以外の者の帯刀を禁止しました。そのため郵便局員は刀を持つことが許されませんでした。

でも、拳銃の所持を制限する法律はなかったのです。

このような理由から、郵便配達員は、日本で初めて拳銃を所持する職業となりました。警察官が拳銃を所持するようになったのは、ずっと後の大正時代からです。

郵便局員の拳銃所持は昭和24年に廃止となり、現在の日本では「銃砲刀剣類所持等取締法（銃刀法）」によって、拳銃の所持は厳しく制限されています。

ちなみに、北海道の郵便局員の場合には、強盗はいなくても、ヒグマやエゾオオカミの方が怖かったのだそうです。拳銃で鳥獣類を撃つことが禁止されていたため、拳銃よりも熊鈴が欲しいとの申し出が記録されています。

日本の郵便局で最も南にあるのは、南極にある東京銀座郵便局分室です。郵便物は日本国内と同じ料金で、南極から日本へ送ることが出来ます。

年賀状は、時代と共に書状からはがき、はがきも手書きから印刷へ変わり、さらにデジタル配信へと変わりつつあります。

昔の人は、時代の流れの速さに思いを馳《は》せる時「今昔《こんじゃく》の感」と表現しました。でも、時代の流れに合わせた変化を前向きに受け止めていくことで、より良い未来を創ることも出来ます。

どのような形式になっても、心をしっかりと込めていれば、相手を思いやる気持ちが変わることはありません。

一年の行動を決める書初め

1月2日。昔は、元旦に神棚にお供えした若水を下ろして墨を磨《す》り、真っ白な紙に心に浮かんだ縁起の良い言葉を書きました。

丁寧に心を込めて書かれた言葉は、不思議なことに力を持ちます。

文字にして書くという行為によって、自分の思いが漠然としたものではなく、具体的なものとしてより深い意識へと到達します。すると、潜在意識はその目標をこの世で具現化すべく動き出すことになります。それと同時に、見えない世界からのサポートも始まります。

書初めは、書いたら自分だけが毎日見られる場所、特に寝る前に見られる場所に掲げておくとよいでしょう。すべての人々の幸せを強く願う美しい言葉であれば、霊性をさらに高め、その願いの実現化を強めることにも繋がります。

書初めは、心に思うだけでなく、書として表現することにより、行動することの本当の大切さを教えてくれる手段なのです。さらには、自分の一年の行動を決めるアファーメーションの一つともなります。

書き初めは、平安時代の宮中行事で、年始に縁起の良い文書を天皇に申し上げる「吉書《きっしょ》の奏《そう》」が起源です。

言霊は、文字にして心を込めて書いた瞬間に、別の力を持つことになります。その力を善いことに使うことが出来るのです。

次の書初めには何を書くか、崇高な抱負を美しい言葉にしてみてください。

一年間の運勢の象徴となる初夢

新しい年になって初めて見る夢を「初夢」と言います。

元日は歳神様をお迎えするために寝ない人が多いため、一般的には1月2日の夜に見る夢が初夢とされています。

初夢の内容は、一年間の運勢の象徴となるという言い伝えがあります。

「一富士二鷹三茄子四扇《しせん》、五煙草《ごたばこ》、六座頭《ろくざとう》」

富士山は「不死」や「無事」に通じ、日本一志高く末広がりの象徴として、鷹は、視野を広く志高く運が上昇し、茄子は事を「成す」に通じるなど、縁起の良い言霊とされました。

扇は末広がりで子孫繁栄・商売繁盛、煙草は煙が上に上がることから運気上昇、座頭（琵琶法師といわれる盲目の剃髪《ていはつ》した琵琶演奏家のこと）は髪の毛が無いので「ケガ無い」、家内安全の象徴です。

一と四、二と五、三と六がそれぞれ対になっています。

人は、夜眠りにつくと心神《こころかみ》（心と魂）が肉体から解放されて、万物万象と繋がるエネルギー世界と融合していきます。神聖なエネルギー世界に触れることで、心神が天意によって調律される時間となります。

夢は、現実世界と神聖なエネルギー世界の懸け橋となるものです。

夢は、日常生活で欲望と執着にまみれた生活をしていれば、あまり意味の無いものになります。それは夢が、自分の潜在意識の情報に留まってしまうからです。

日本人として神々を敬い、神々と共に暮らし、祈り、和の心を持って生きている人にとっては、夢はとても有意義な、高次元からの情報を与えてくれる手段の一つとなります。それは夢の情報源が、顕在意識や潜在意識を超えて、宇宙意識や神意識という高次元となるからです。

惟神《かんながら》の道を深く歩んでいけばいくほど、自らの意識が神意識へと向かうために、夢は、有意義なものとなっていきます。

しっかりと夢に向き合えば、様々な事象に関しての理解と知識を得ることも出来るでしょう。

夢を活用するには、起きたらすぐに、夢を覚えているうちにノートに書き記すことです。

そして、シンボルとして現れた様々な事象をゆっくりと解釈して、理解出来るようになってきたら日常生活で行動に移してみることです。

歳神様と共に味わうお節料理

お節《せち》とは、「御節供《おせちく》」の略です。本来は、季節の節目に神様にお供えしたものを、お下がりとして食して**「神人共食《しんじんきょうしょく》」**とするものです。

奈良時代頃から、節日《せちにち》に節会《せちえ》と呼ばれる、健康と長寿を祈る儀式を執り行う宮中行事がありました。その節会の席の料理として出されたのが御節供です。

元は朝廷の祝い料理でしたが、一般の家庭にまで普及したのは江戸時代からです。

お正月の御節供は、歳神様と共に味わうもので、箸《はし》は両端が細い「祝い箸」が使われます。箸の片端を人間、もう片方の端を神様が使います。

祝い箸は、一般的に柳《やなぎ》の木で作られます。柳は、木肌が滑らかで美しく、木質の白さが清浄さを表し、しなやかで強度があり折れることが無いために、祝いの席には欠かせない素材です。また「家内喜」と呼ばれて、言霊も縁起が良いとされています。

お節料理の中身には、縁起を担いだ「山海《さんかい》の幸」がお重に詰められます。これは第二次世界大戦後に始まった新しい習慣で、福が重なるようにとの願いを込めたものです。お重は、「一の重」から「与の重」までの四段重ねが正式とされています。四段目が「与」なのは、「四」が「死」と発音が同じだからです。「五の重」は、控え重として余分に作った料理を入れます。一の重には祝い肴《ざかな》、二の重は口取り・酢の物、三の重は焼き物、与の重は煮物です。

現代のお節料理の残念なところは、相当な量の添加物が使われている点です。質素であっても、自分で作るお節が一番の喜びです。

中に入れる料理は、言霊を考えて選ばれています。
豆料理は、マメに働き「魔滅《まめ》」で魔除けになり、鯛は「めでたい」に通じ、トコブシは別名「フクダメ」が「福を貯める」に通じ、数の子は「子の数が多い」ので子孫繁栄の象徴、栗金団《きんとん》は、栗が「勝ち栗」と言われる縁起物で、金団は「黄金の小判」のことで金運上昇となる、海老は「腰を曲げた老人」に見えることから長寿の象徴、クワイは大きな芽が必ず出てくる縁起物、里芋は子芋がたくさん付くことから子孫繁栄、など。

日本人は昔から、言霊をとても大切にして活用してきました。**人が発する言葉には霊力が宿っていて、様々な力を有することが知られていたからです。**

善い言葉を発すれば、その波動に共鳴して善い事が引き寄せられます。

悪い言葉を発すれば、同じレベルの波動が共鳴して、悪い事が引き寄せられます。

そのため、言葉に宿る言霊をとても大切にしてきたことが、時に言葉遊びとして、時に真剣な思いを込めて、様々な風習の中に残されているのです。

また、言霊と共に大切にされてきたものに「**縁起**」があります。

物質世界では、すべての存在がお互いに密に縁《よ》り合い繋がった状態で存在しています。何一つとして意味なく存在するものはありません。

私たちは、**自分の意識によって、縁りを強めたり、弱めたりすることが出来ます。**そして、自分の運を開くために、誰もが良い縁を望んでいます。

そのために「縁起物」や言葉で「縁起を担ぐ」ことをとても大切にしているのです。

縁起物には、神社仏閣から授与される物から日用品、言葉遊びまで、様々なものがあります。それがどんなものであっても、そこに自分の純粋な願いを込めることで、それが願いの依り代となり、美しい縁りを強めるのです。

現代科学が発達し、唯物論的な思想が主流になってしまった現代でも、目には見えない世界を理解して大切にしている証です。


人が何かを成し遂げる時、必ず見えない世界からの助力が働きます。

だから、心に決めたことが実現出来るのです。

自分の力を信じると同時に、心を清めることで、神々が力を発揮出来るための道となることが美しい世界を創る秘訣です。それを明確に意識するために、縁起を担ぐのです。

自分を省み清める鏡餅（御鏡）

三種の神器の一つである「鏡」を象徴するお餅が、鏡餅です。

鏡は、ありのままの姿を正しく見ること、つまり再び神へと向かう意志を象徴しています。

また、自分自身も神様の分け御魂《みたま》であるという、自覚を持つことも意味しています。

自分の心が豊かで喜びに満ちていれば、鏡はその豊かさと満足を映し出します。

心が貧しく暗ければ、鏡はそのままの状態を映し出します。

鏡は、今のありのままの自分が映し出されるのです。

それは、内観することの大切さと惟神の道の指針を与えてくれます。


多くの神社では、拝殿の祭壇に「鏡」が鎮座しています。

これは、霊的太陽の象徴でもありますが、自分自身の姿を映し出して、自分が主神の分け御魂であることを自覚するためのものになります。

これは天照大御神が、天忍穂耳命《あめのおしほみみのみこと》に「この鏡を我が御魂として、我を拝むが如く、いきまつれ。」と神勅《しんちょく》し、その後に代わりに天下《あまくだ》りした瓊瓊杵尊《ににぎのみこと》に受け継がれた「宝鏡奉斎《ほうきょうほうさい》の神勅」です。


「鏡《かがみ》」は「影身《かげみ》」。真の世界と顕世《うつしよ》を同時に示す道具です。写しの世界（物質世界）では、我が入るために「かげみ」を「かがみ」と表記します。

真の世界（天界）と顕世（物質界）を照らし合せることは、地上の人にとって、「今」

の自分を省みるために大切なことです。

本来は神様の分身である自分が、神様と同じように清らかであるか、天意で動いているか、愛に溢れているか、よくよく省みなければなりません。

自分自身の真我を目覚めさせるために、自分と神様を照らし合せて礼拝する「自神拝」の意味も込められたものです。そのため日本では「日の鏡」「日像《ひがた》の鏡」という表現もあります。

鏡は、「かがみ」から我を消して、「かみ」となるように、私たちが神の分霊であることを常に忘れないようにして、穢《けが》れた自我を清めるための鏡です。

鏡餅の大小の二つの餅は、太陽と月、神と人などの象徴の他、陰と陽などの二元性も表現しています。

そして、その周りにはめでたい装飾が施されます。

上に橙が載せられるのは、橙の果実が何年も枝に留まることから、代々栄えるようにとの願いが込められています。他の添え物としては、昆布、ウラジロ、ユズリハがあります。昆布は、「子生《こぶ》」に通じて子孫繁栄を願い、ウラジロは「裏を返しても心は白い」という清浄な心の象徴としての意味が込められ、ユズリハは新しい葉が出るまで古い葉が落ちないことから、家系を絶やさないという願いが込められています。

鏡開きでは、刃物は使いません。鏡餅の風習は武家から始まったため、切腹を連想させる刃物は使わないのです。「切る」ことはせずに「開く」という意味を込めて、木槌などで「運」と共に鏡を開きます。

昔の鏡開きは20日でしたが、江戸時代に20日が徳川家光の月命日になったことと、幕府や武家が鎧兜《よろいかぶと》にお供えした具足《ぐそく》餅を食べる「具足開き」が11日と定められたために、鏡開きも11日に変更されました。

お餅は、稲の霊力を凝縮したものです。感謝と共に味わっていただきましょう。

神様と人を結ぶお屠蘇（元日御薬）

元旦の最初に、神様と人を結ぶために三献《さんこん》の儀に使う飲み物が「お屠蘇《とそ》」です。

お屠蘇は中国から伝わり、「邪気を屠《ほふ》り、心身を蘇《よみがえ》らせる」ところから名付けられています。

基本的には、「屠蘇散（屠蘇延命散）」という漢方薬を日本酒かみりんに入れて、一晩寝かせてお屠蘇を作ります。昔は、有毒なトリカブトの根を修治《しゅうち》（弱毒化）したもの（烏頭《うず》）なども入れられていたようです。


お屠蘇は、無病息災を願うものでした。お屠蘇は、今後一番長生きする歳の若い順に盃を受けるのがしきたりです。これは毒見の名残《なごり》とも伝えられますが、若い人の生氣を年配の人へと渡す意味合いが強いようです。

また、1月15日の小正月を過ぎて残ったお屠蘇は、この一年間心が清らかでありますようにと願いながら、井戸に入れる風習がありました。現代では井戸がある家は少ないので、お風呂に入れることが出来ます。

心を込めて造られたお屠蘇は「御神酒《おみき》」でもあり、最も尊い神饌《しんせん》（神様に供える食事や食べ物）の一つとも言える物です。

お屠蘇に入っている生薬の力を、ゆっくりと体の中で感じてみましょう。この世界で、植物と共に惟神の道を歩める喜びを味わい、感謝しましょう。

心を神様へと調律する初詣

初詣の歴史はまだ比較的浅く、しかも神社発祥ではありません。

昔は歳神様を自宅にお迎えするために、家でお正月を過ごすことが習わしでした。江戸時代から「恵方詣《えほうまいり》」や「除夜詣」もありましたが、それほど一般的ではありませんでした。それは、まだ旧暦を使っていたからです。

恵方とは、陰陽道や道教の教えに基づいたもので、縁起の良い方角のことを指しています。恵方は「十干《じっかん》」と「十二支」の組み合わせで毎年変わります。恵方には、歳徳神という女神様がいて、その方角に向かえば万事良好とされています。恵方詣とは、自宅から恵方にある神社に参拝に行くことです。


現在の初詣の形は、明治時代に鉄道会社が電車の宣伝用に考案して広めたものです。お正月からたくさんの人に電車に乗ってもらうために、鉄道会社の社員たちが、「お正月は電車に乗って神社に行こう」という「元日詣り」キャンペーンを作り、宣伝しました。そのキャンペーンを新聞社が「初詣」と名付け、いまではすっかりお正月の風習になりました。

初詣は、一年の始まりの日に心を神様へと調律するためにあります。ただ参拝するだけではなく、心清らかに神様に意識を向けることがとても大切になります。テレビもラジオも、受信するためには自分の選んだ局に受信機をチューニングする必要があります。私たち自身も、同じように神様にチューニングすることが大切なのです。普通に生活していると、つい世俗的なことにチューニングしてしまいます。だから、初詣で心を調えて、神様に向かうために行動するのです。

習慣も続ければ本物になるものです。

この世界は、私たち一人ひとりの想いで築き上げていくものです。昔からの「しきたり」も、意味も考えずにただ盲目的に従うのではなく、今生きている人たちが、より創造的に美しく改良していくものです。

より多くの人が美しい想いを描けば、その通りに美しくなっていきます。

何があっても、美しい想いでいること。

それは、これからの時代に一番必要なことなのです。

絆を深めるお正月遊び

仕事もせず、外出もしないで家族が集まるお正月は、子供たちにとって親と共に行う様々な遊びがありました。

それぞれの遊びには、子供たちの成長を願う気持ちが込められていると共に、家族の絆を深めるものとなっています。子供と遊んでいるうちに、大人も夢中になれるものです。

代表的な遊びには、次のようなものがあります。

・かるた遊び&百人一首

楽しみながら日本の故事や和歌を学べます。かるたとしてだけでなく、百人一首は「坊主めくり」という遊び方もあります。かるたは、平安時代の貴族の遊び「貝合わせ（絵が描かれた貝殻を並べて、ペアを当てる遊び）」に、室町時代にポルトガルから伝わったカードゲームが結びついて生まれた遊びです。百人一首は、大名や公家などの高貴な家柄の娘の大切な嫁入り道具の一つでした。

・福笑い

大笑いすることで一年間の福を呼び寄せます。

・双六《すごろく》

一年を占う運試しです。奈良時代にはすでに存在した遊びで、平安時代には賭けの道具として流行したために「禁止令」まで出されたことがありました。その後、鎌倉時代や江戸時代にも禁止令が出されています。それほど庶民の間でも人気だったのです。正倉院《しょうそういん》宝物には豪華な双六盤が現存しています。

明治時代初期の上流階級では、双六盤を嫁入り道具の一つとして持たせる慣習もありました。2つのサイコロを使うので、双六と呼ばれます。

・独楽《こま》回し

紀元前2000年頃の古代エジプト遺跡からも見つかっている、歴史の長い遊びが独楽です。日本では奈良時代に、宮中の占い儀式で「独楽びょう師」が独楽をまわしていました。平安時代には貴族の遊びとなり、江戸時代には庶民に広がりました。また演芸としてプロの曲独楽師《きょくごまし》も現れました。明治時代になると多くの人が路上で独楽を回したため、東京では独楽回しが禁止されました。

独楽は、一人でも大勢でも出来て、子供が独り立ちするための心構えも養うことが出来ます。独楽を上手く回すことは、「物事を円滑に回す」ことに通じるものです。

・凧《たこ》あげ

志を高く持ち、願い事を凧に乗せて、天まで届ける意味があります。

また、お正月に空を見上げると、一年間健康でいられるとされていました。

最近は軽くて丈夫ですぐに空高く上がる凧が売られています。昔は、子供たちが創意工夫しながら、自分で竹ひごと和紙を使ってオリジナルの凧を作り上げたものです。

タコあげは、平安時代には占いに使われる道具でした。戦国時代には、戦争の道具として使われました。

江戸時代に入ると娯楽として定着し、「タコあげ」ではなく「いかのぼり」という「イカあげ」でした。江戸時代に庶民の間で流行しすぎたために「いかのぼり禁止令」が出されました。そこで庶民たちは、これは「タコ」と言い張ったことから「タコあげ」に変更されたようです。

・追羽根（羽子板）

奈良時代の毬杖《ぎっちょう》という遊びに由来するものです。

江戸時代後期には、羽子板の形がトンボの翅《はね》に似ていることから、悪い虫がつかないと女の子の出生祝いの贈り物として流行しました。その影響もあり、暮れの「羽子板市」も活況だったそうです。


一年間の厄や病を撥《は》ね退《の》けて、子供の健やかな成長を願います。負けたら顔に墨を塗るのは、厄除けのおまじないの意味が込められたものです。羽根つきに使う黒い玉には無患子《むくろじ》の実を使い、子供の無病息災の願いが込められています。

・お手玉

中国の水晶を使った「石名取玉《いしなとりだま》」が起源とされ、奈良時代に日本に伝わっています。

一人でも複数でも出来る遊びで、手先の器用さと集中力を培います。作法や礼儀などを学ぶことが出来る「隔世《かくせい》伝承遊び」の一つです。お手玉の作り方を親から教わるのは裁縫の手技を楽しく学ぶことに繋がり、遊ぶ時の正座は、正座の習慣をつけることに役立ちます。

・けん玉
集中力の向上や手先の運動技術向上に役立ちます。

けん玉は１５００年代から世界各地にあった遊びです。日本に伝わったのは江戸時代です。現代のけん玉は、明治時代のけん玉を元にして、大正時代に日本で考案された「日月《にちげつ》ボール」が元祖です。現代では「KENDAMA」として、世界に発信されています。

・めんこ
めんこは、紙さえあれば自分で作ることが出来ます。紙を厚くしたり、形を工夫したり、絵を描いたりしながら強いめんこ作りをすることで、子供の創意工夫する能力を養うことが出来ます。江戸時代の魔除けの儀式「泥めんこ」が起源のようです。

・おはじき
奈良時代に中国から伝わった遊びとされています。
指先の繊細な力加減を必要とする遊びは、巧緻運動《こうちうんどう》の技量を発達させます。

・ダルマ落し

一年間の運試しです。成功すれば、一年間災いが避けられるとされます。上手く出来た時の達成感が味わえます。転んでも起き上がる達磨《だるま》大師は縁起物であり、一番上には達磨大師が載せられています。

・花札

昔の人々の暮らしや文化が反映され、季節の花や動物に親しみながら、知的な能力を引き延ばします。昔のコタツのテーブルは、ひっくり返すと花札や麻雀《マージャン》などで遊べるような素材になっていました。

一つひとつの遊びは、その本質を知れば、子供の心身の発達にとても有意義なものであることがわかります。実は、子供でも大人でも、仕事も、趣味も、様々な活動も、この地上での行いのすべては遊びです。皇室でも、陛下が行動される際に侍従たちは、「遊ばされます」と言います。

本当の遊びとは、自我を満足させるものではなく、惟神の道を喜びながら楽しく進むための御神事です。自分の遊びが、神々の遊びと称されるように、心を込めて楽しんでみましょう。

神社参拝の作法

現代の日本のお正月には、多くの人が初詣に出かけます。

参拝の詳細な作法については拙著『神の国日本の美しい神社』をご参照ください。

ここでは、神社の作法として、「二拝二拍手一拝」についてご紹介しましょう。


神社の参拝には、基本的な作法があります。

形式的な所作を整えるのは、肉体的な所作が心と密に繋がっているからです。

いきなり「心を調えて参拝しましょう」と言われても、どうしていいかわからないものです。まずは身体を使った作法で形から整えることによって、心を調えていく方が楽なのです。

参拝の作法については、昔は各神社で独自の作法がありました。

明治時代になって神社祭式行事作法が制定された時に、日本全国の多くの神社で作法を統一しようという動きが始まりました。そして、昭和23年に同法が改訂され、「二拝二拍手一拝」が一般的な作法となりました。つまり、この形式に統一されたのは、永い神社の歴史の中でも比較的最近なのです。

出雲大社では「二拝四拍手一拝（五月の例祭では二拝八拍手一拝）」、宇佐神宮では「二拝四拍手一拝」、伊勢の神宮では「八度拝八開手《はちどはいやひらで》」など、今でも古くからの伝統的な独自の作法を守る神社もありますが、いずれの作法も神様に対する敬意や賛美や感謝の気持ちが込められたものです。

「礼」と「拝」は動作が似ていますが、所作の意味が全く違います。

どちらも、基本的には上半身をしっかりと曲げてお辞儀します。上半身の角度は、会釈は15度、軽い敬礼は30度、敬礼、つまり「礼」は45度、謝罪は70度、そして、「拝」は90度です。

「拝」では、上半身を90度に曲げることにより、下半身は垂直方向へ延びる「火（カ）」を象徴し、上半身は水平方向へ広がる「水（ミ）」を象徴します。身体全体で「火水（カミ）」を表現し、自らが神の子であることを示しています。

もう一つ大切な「拝」の秘密は、この90度に上半身を曲げる動作が、人の霊的進化を促進させる重要な動作の準備運動であることです。

この動作は「マハームドラ」と呼ばれ、正しく行うと霊的脊髄に生命エネルギーが上昇するための道筋を作り、第一チャクラであるムーラダーラチャクラの障壁を取り除きやすくなる動作として知られています。

人は、自然の進化の流れに任せた場合、二元性を超える境地に到達するのに、少なくとも百万年はかかります。地上での人生は、苦難の連続です。その一つひとつに意義があり、意識が外側の世界から内側の世界へと向かうように仕向けられています。こうして内的世界の探求がゆっくりと進むことで、自然進化していく仕組みになっているのです。

実は、その一年の自然進化を30秒に短縮出来る最も優れたヨーガの技法があるのですが、上半身を90度に曲げる「拝」の動作は、そのヨーガの技法の準備運動なのです。
なぜこの所作が魂の進化を早める準備運動になるのかというと、軽度のカルマを破壊する作用があり、最も動的な生命エネルギーである性エネルギーを正しい方向へと向かわせる作用があるからです。

また、二拝は縦の動作、拝に続く二拍手は横の動作であり、これは身体を使って十字を作り「神」を顕現させるという意味があります。十字は、キリストの十字よりもずっと古く、太古から神の象徴として使われてきたお印《しるし》です。

二拝は、大霊と自分自身の真我に対して敬意と感謝の意を表し、陰の世界と陽の世界への感謝を表し、父なる天と母なる大地の恵みに対する感謝を表します。つまりこの行為は、すべての二元性への感謝と敬意を示すものになります。
ちなみに、皇居の宮中三殿のうち、天照大御神が祀られている賢所《かしこどころ》では一拝だけになります。これは二元性を超越している場が創られているためです。

二拝の後に拍手をします。

手を叩いて音を鳴らす拍手は、「魏志倭人伝《ぎしわじんでん》」の中にも記載されています。拍手は、古くから自分よりも地位の高い人に対する尊敬の気持ちを表す作法だったようです。素晴らしい演奏を聞いた時などにも、拍手をします。これは心からの感動と敬意を表すものです。神社での拍手も、神様に対して心を開き敬意を表す行為となります。

また、**拍手は、結界を解く行為の象徴**でもあります。

神との合一には、自分の結界を完全に解くことが絶対条件となります。

本来は、四拍手によってすべての結界を解きます。四方の方角・時間・季節の他、物質世界を創造する四つの要因（創造エネルギー・時間・空間・宇宙原子）、自分の想念が作りだした結界（自分・人間・生物・命）など、様々な結界をすべて解く象徴的な所作になっています。

二拍手は、この四拍手の簡略形になります。

両手には、心包経《しんぽうけい》という経絡が通っています。

心包経の重要なツボである労宮《ろうきゅう》は、手のひらのほぼ中心にあります。労宮は、心臓周囲に繋がっているツボで、ここを拍手によって刺激する所作で心神を刺激して目覚めさせ、心の結界を開く所作になります。

さらに労宮に続いて、手首には心包経の大陵《だいりょう》というツボがあります。労宮は心のハートのセンターに繋がっているのに対して、この大陵は、心の脳のセンターに繋がっています。大陵が刺激されると、心の緊張がやわらぎ、脳のセンターが開く作用があります。やや左手と右手をずらして拍手することによって、効率よくこれらのツボを刺激することが出来ます。

参拝では、まず自分の心を清め鎮めた上で、完全に開く必要があるため、拍手によって脳と心臓に在る心の二つのセンターを開くのです。

拍手にはもっと深い意味がありますが、まずは「心を開くこと」が一番の目的になります。実際には、心を開くと同時に、様々なレベルの現象を開いていく所作になります。

拍手の準備として、ゆっくりと優しく心臓の前に両手を合わせます。心臓の前に手を置くのは、神様である真我と心の構成要素が合わさった「心神」が存在する位置だからです。心は、原因体に属するエネルギー的な組織ですが、その波動はエネルギー体だけでなく、肉体にも大きな影響を与えます（詳細は『神の国日本の美しい神社』をご参照ください)。

心臓にあるこの思考回路は、優しく直感的です。ハートで発した思いは、肉体の心臓組織に強い波動を与えるだけでなく、思いの波動を最も吸収して拡げることの出来る血液にも強い影響を与えます。人の血管の長さは大人で約10万キロメートル、地球2周半分の距離です。血液が心臓から全身の毛細血管に行き渡る時間は25秒です。

ハートの思いは、心臓の鼓動がある限り、血液によって全身の細胞に行き渡り続けることになります。

心から愛しているとか、心から信頼しているという思いは、いつも全身にくまなく拡がり、それから肉体の外に放射されて拡がっていきます。

いつも清らかで明るい思いを持つ人を霊視すると、明るく見えるのはこのためです。また、暗い思いを抱き続けると暗く見え、特に肝臓の門脈系は黒く見えるため、「腹黒い」と霊視されます。

拍手の前に両手を合わせる所作は、心を調え、祈りを成就させる力を養います。

その時に、右手をやや手前にするのは、霊主体従の心を示しています。

左手の「ヒ」は、「火」であり、「霊」であり、神の象徴になります。

右手の「ミ」は、「水」であり、「身」であり、自分の真我の象徴です。

霊主体従を、両手においても意識して表現するのです。


拍手は心臓のリズムに合わせて二回、天と地に響かせる気持ちで行います。これで二拍手でも四拍手と同じことになります。

拍手の音は、神様への敬意を表すと同時に、結界を解き、さらには真我を目覚めさせる役割もあります。


拍手の後の両手を合わせる合掌は、神様と自分（神）、神様の天意《あい》と自分の愛を合わせる「カミ（神）合わせ」の儀式になります。

この合掌は、アンジャリムドラと呼び、創造神と人の真我を繋ぐ磁場を創り出す効果があります。生命エネルギーの流れを神様に向けて調えるのです。古代インドから確立された生命エネルギーを調える技法です。

このように神社の様々な所作には、霊的な意味が隠されています。所作とは、「場所を作る」と書く通り、その場に氣を記録することです。美しい氣で行動すれば、その場はいずれ神聖な場となります。

神社の参拝では、一つひとつの所作を、ゆっくりと丁寧に行うことを意識しましょう。

しぶんぎ座流星群

1年の最初を飾る流星群です。8月のペルセウス座流星群・12月のふたご座流星群と共に流星の数が多い三大流星群の一つです。

一般的な出現時期は12月末から1月8日頃となり、極大ピークは1月4日頃です。ピーク時間帯が前後数時間以内と短い流星群なので、流星観測は極大時刻と天候と月明かりの条件に大きく左右されます。条件が良いと1時間あたり40個前後の流星が見られます。

日本で見られる三大流星群以外の主な流星群には、4月のこと座流星群、5月のみずがめ座η（イータ）流星群、7月のみずがめ座δ（デルタ）流星群、8月のペルセウス座流星群とはくちょう座κ（カッパ）流星群、10月の10月りゅう座流星群（ジャコビニ流星群）とオリオン座流星群、11月のおうし座流星群としし座流星群、12月のふたご座流星群とこぐま座流星群などがあります。

観測には、月の光が無い夜が最適で、「星月夜《ほしづきよ》」と呼ばれます。これは月が無くても、満天の星の光で月夜のように明るい様子を表現しています。

星の名前には世界共通の名と和名があります。

和名には美しい名前がたくさんあります。地域によって呼び名が異なることもありますが、ここに少し星の和名の例を挙げておきましょう。

北極星は「心星《しんせい》」、オリオン座は「鼓星《つづみぼし》」、プレアデス星団は「昴《すばる》・統・六連星《むつらほし》・六曜星《ろくようせい》・苞星《つとぼし》」、おとめ座で最も明るい星スピカは「真珠星・銀星・姉様星」、シリウスは「青星・風星・雪星」、北斗七星は「柄杓星《ひしゃくぼし》・七曜《しちよう》の星・四三《しそう》の剣《けん》・舵星《かじぼし》・鍵星《かぎぼし》」、天の川は「帯方《たいほう》・銀漢《ぎんかん》・河漢《かかん》」、アンドロメダ星雲は「斗掻《とか》き星《ぼし》」、おおぐま座のアルコルは「寿命星・添え星」、カシオペア座は「山形星」、さそり座は「魚釣り星・鯛釣り星」、オリオン座のペテルギウスは「平家星」、オリオン座のリゲルは「源氏星」、うしかい座の中で最も明るいアークトゥルスは「五月雨星《さみだれぼし》・麦星・麦刈星・珊瑚星・金星・兄様星」、こと座の最も明るいベガは「織姫星・織女星《しょくじょせい》」、わし座のアルタイルは「彦星・牽牛星《けんぎゅうせい》」、火星は「夏日星・熒惑《けいこく》」、明け方の金星は「明けの明星・端白星《はじろほし》・羽白星《はじろほし》」、夕方の金星は「太白《たいはく》・赤星《あかぼし》・宵の明星」、水星は「辰星《しんせい》」、土星は「塡星《てんせい》・安曇星《あづみほし》・鎮星《ちんせい》・環著星《わつきほし》」、木星は「歳星《としのほし》」、彗星《すいせい》は「箒星《ほうきぼし》・客星《かくせい》」、星雲は「星霧《せいむ》」など。

春の一等星である二つの星、おとめ座のスピカ「真珠星」と、うしかい座のアークトゥルス「珊瑚星」は、「春の夫婦《めおと》星」と呼ばれています（ふたご座の星も「夫婦星」と呼ばれています）。アークトゥルスは、現在も秒速１２５㎞という高速でスピカに向かっています。第二次世界大戦中に真珠湾と珊瑚海での勝利にあやかって命名されたこの二つの星は、約5万年後には寄り添って見えるそうです。昔の人がどうしてこの二つを夫婦として結びつけたのか、不思議です。

彗星は突然現れるため、星読みの専門家も正体がわからず、脅威に感じたり、吉兆とされたりしてきました。彗星の正体は、神の使いである天狐《あまぎつね》と信じられたことから、願いを叶えてくれるという俗信が生まれました。


日本では、宇宙の星々についても特別な想いがありました。

日本人は子供の頃から、太陽・月・星を、誰もがお日様・お月様・お星様とお殿様やお姫様と同じように「お」と「様」をつけて呼んでいます。それだけ敬う気持ちが強かったのでしょう。

北極星や北斗七星に対する信仰は「妙見信仰《みょうけんしんこう》」といい、妙見菩薩は北極星が神格化したものです。

空海は、室戸岬《むろとみさき》の御厨人窟《みくろど》での修行中に、突然口の中に明星（虚空蔵菩薩《こくうぞうぼさつ》の化身《けしん》）が飛び込む神秘体験をしたと伝えられます。その時、空海は宇宙と一体となり、この大宇宙そのものが法身仏《ほっしんぶつ》のエネルギーであることを悟ったとされています。

澄んだ冬の深空《みそら》に美しく流れる星や流星たちを眺めて、ひと時、宇宙と心を一つにしましょう。

人工的なものから離れて大自然と調和することは、何よりのご褒美になるはずです。

静寂へと誘う寒月

1月から2月の月は、「寒月《かんげつ》」または「寒の月」と呼ばれ、冬の澄み渡った空気の中で静かに光る月は、静寂や平静へと誘い、神秘的な雰囲気にもさせられます。

1月20日から2月3日頃までの期間を一年で最も寒い「大寒」と呼びますが、**この時期の新月は、霊的な実践にとても重要なエネルギーを持ちます。自己の内的世界の探求と調和にとても良い力を与えてくれます。**

月の光は、物質世界で獲得した様々な波動の象徴でもあり、それが満月から新月に向かって、削ぎ落されていきます。この現象は、身削《みそ》ぎ、霊注《みそ》ぎの象徴でもあり、すなわち純粋な心神へと戻ることを意味しています。

そのため、この時期は何か新しいことを始める計画を立てるのにも適しています。ただ、エネルギーが低くなりがちなので、身体をゆっくりと休めることも良いでしょう。

この時期の新月は、太陽が再生する一年の始まりの時期と重なるために、心を清める浄化力が強いとされています。次の新月までの約一カ月間は、内観と瞑想、沈黙を意識することをお勧めします。


月の満ち欠けは、人の心の象徴でもあり、刻々と変化していきます。

この神聖な新月の時は、外側の世界の喧騒から離れて、鎮まった心の奥深くに到達するために利用するのが良いでしょう。そこで、内側の世界との美しい調和を図ることが出来ます。

静寂の中でこそ、自分の内側の神性を明確に感じることが出来、奇跡を体験する準備が整っていくのです。

日本人の美の精神を思い出す

1月6日は「色の日」です。

日本には、美しい伝統色と呼ばれるものがとても多くあります。日本では、古来より自然と共に暮らしてくる中で、多種多彩な色合いを自然界から取り入れて、精妙繊細な色の世界を楽しんで味わい、愛でてきました。

生活や文化の中に生まれてきた和色《わいろ》には、日本人の美の精神が生きています。

色の名前も風情あるものが多く、茜色、赤朽葉《あかくちば》、亜麻色《あまいろ》、淡香《うすこう》、乙女色、鸚緑《おうりょく》、鴨の羽色、金茶、紅《くれない》の八塩《やしお》、憲法染《けんぼうぞめ》、光悦茶《こうえつちゃ》、古代紫、左伊多津万色《さいたづまいろ》、至極色《しごくいろ》、鳥の子色、天鵞絨《びろうど》、金密陀《きんみつだ》など、味わいのある和色名がとても多くあります。

和色の例を少しご紹介しましょう。

思色《おもいいろ》：やや黄色みがかった綺麗な赤色です。「思ひ」の「ひ」を火と重ね、また、火を「緋《ひ》」にかけて生まれた色名で、心に熱く燃える情念の炎を色に例えたものです。

御召御納戸色《おめしおなんど》：灰色系の渋みのある青色です。「御召縮緬御納戸色」《おめしちりめんおなんど》の略です。「御召」は「着ること」の尊敬語で、11代将軍徳川家斉が高級縮緬を愛用したことからその系統色を「御召」と呼びます。「納戸」は、「暗めの処の色」という意味です。

月白色《げっぱく》：月光のような薄い青銀色を含んだ白色です。月白を「つきしろ」と読むと、月が昇ってくる時の月光の変化を表し、月見を待ち焦がれる思いが重ねられた言葉です。

瑠璃色《るり》：やや紫みのある静かで深い海のような青色です。瑠璃は、仏教で世界の中心「須弥山」《しゅみせん》から産出される宝玉《ほうぎょく》のことで、仏教の七宝《しちほう》の一つです。そのため、瑠璃色は至高の色として神聖視されました。

和色の中に、日本人の心が美しく描かれています。この日は是非、色彩を意識してみましょう。

人日の節句（七草の節句）

1月7日は、「人日《じんじつ》の節句」です。

他の節句は月と日が同じ数字の重日《じゅうにち》ですが、1月だけは7日となっています。それは、中国の易では新年6日まで鶏、狗《いぬ》、猪、羊、牛、馬を占い、7日目が人の日になっているためです。この起源は、中国正月の禁忌《きんき》にあり、新年は毎日各動物の殺生を禁じることに由来します。

各節句では日本酒も欠かせないもので、人日の節句にはお屠蘇、上巳《じょうみ》の節句（3月3日）には桃花酒《とうかしゅ》、端午の節句（5月5日）には菖蒲酒《しょうぶさけ》、七夕の節句（7月7日）には甘酒、重陽《ちょうよう》の節句（9月9日）には菊花酒《きくかしゅ》が用いられます。

人日の節句では、七草粥を食べます。この時期に育つ若草は、厳寒の時期にでも成長する強く若々しい生命力が含有《がんゆう》されています。新年から若草（春の七草）の強い生命力を体内に取り入れて、お節料理による胃腸の疲れを軽減し、無病息災を願う意図が込められています。

「春の七草」は地域によって異なりますが、一般的には「せり、なずな、ごぎょう、はこべ、ほとけのざ、すずな（蕪《かぶ》）、すずしろ（大根）」です。最近ではスーパーで七草キットとして販売していますが、出来れば大地の力を感じながら、自分で収穫した物が良いでしょう。

せ　　り：食欲を刺激、血液浄化、血圧調整、整腸効果など
な　ず　な：血圧安定、骨や内臓の強化、便秘や風邪に良い
ごぎょう：呼吸器系の強化、浮腫《ふしゅ》の解消など
は　こ　べ：浮腫の解消、口腔内の健康維持、痛みの緩和など
ほとけのざ：健胃・整腸作用、血圧安定など
す　ず　な：健胃、整腸作用、慢性病予防、風邪に良い
すずしろ：消化器系強化、冷え性改善、風邪や頭痛や神経痛にも良い

七草粥の伝統的な作り方もあります。春の七草を用意して、台所七つ道具（包丁、杓子《しゃくし》、銅杓子、擂粉木《すりこぎ》、菜箸、火箸、薪）を準備します。そして、「七草囃子《ばやし》」を唱え

ながら、七草を七つ道具で七回ずつ叩きます。この所作によって、心に描いた真摯な願いを、七草に移すことが出来るとされています。

もう一つの方法としては、七草を一つずつ手の平に乗せて、願いを入れてから調理します。すると、その願いがお粥の中で拡がっていきます。

七草粥を作る時に余った残渣《ざんさ》部分を水に浸して、その水に指先を入れます。それから新年初の爪切りを行う「七草爪」という風習も、邪気を祓《はら》い、一年間健康で過ごせるとされました。

道元禅師の「赴粥飯法《ふしゅくはんぽう》」の中に、「粥有十利《しゅうゆうじり》」、つまりお粥には10の功徳《くどく》があると記載されています。

1．肌の色艶が良くなる。
2．氣力が増す。
3．寿命が延びる。
4．体が軽く楽になる。
5．頭脳明晰になり言葉が清らかになる。

6. 胸やけしない。
7. 風邪を引かなくなる。
8. 空腹が満たされる。
9. 喉が潤う。
10. 通が良くなる。

ここにさらに加えるとすると、

11. 心が清らかになる。
12. 感謝の気持ちが湧いてくる。

お粥を作り、味わうことで、お粥の有難さがわかると、すべての食材の有難さがわかるようになっていきます。

七福神詣（七福神参り・福神詣）

1月1日から7日の松の内の間に、七福神を祀る神社やお寺を巡る七福神詣も行われています。

七福神詣は、室町時代末期頃に京都で始まった行事で、様々な御利益《ごりやく》と歩く楽しみを結びつけた風習です。「七難即滅《しちなんそくめつ》・七福即生《しちふくそくしょう》」、すなわち「七つの難を逃れ、七つの福を授かる」として、江戸時代からは全国に広がり、各地にご当地七福神が生まれていきました。

七福神は世界三カ国の神様、日本の恵比寿神《えびすがみ》、中国の福禄寿《ふくろくじゅ》・寿老人《じゅろうじん》・布袋尊《ほていそん》、インドの毘沙門天《びしゃもんてん》・大黒天《だいこくてん》・弁財天《べんざいてん》が集まっています。

七福神の御利益としては、主に、恵比寿神は「商売繁盛」、福禄寿は「幸福・財産・長寿」、寿老人は「長寿・無病」、布袋尊は「子宝、良縁、家庭円満」、毘沙門天は「勝運」、大黒天は「五穀豊穣・財福」、弁財天は「芸術・学業」などがあります。

一般的には、神社でお願い事をする時には、金運や健康、試験合格、縁結び、社会的成功など、特に現世での欲望に基づいた利益の願いが多いようです。

でも神社の御利益は、苦労なく現世の利益を得るような「棚ぼた」的な、射幸心《しゃこうしん》を煽《あお》るものではありません。


自分自身で願いをがっちりとブロックしてしまう、七つの心の病があります。

それは、貪欲・怒り・執着・妄想・高慢・嫉妬・怠惰です。

これらが、願いをブロックする要因となることを知り、自分の心がこれら七つの病に冒されていないか、まずはしっかりと確認するようにしましょう。


誰もが現世の富を求めて一生懸命に祈願しますが、物質世界の儚《はかな》い富は、さらなる強欲と無数の苦悩を伴うことを教えてくれる人はいません。

物質世界における世俗的願望の対象は、すべてが蜃気楼《しんきろう》のような儚いものです。

神様は、そんな欲と苦悩に繋がるような願い事は叶えてくれません。


本人の顕在意識で描く刹那《せつな》的な利益とは別の形で、霊的に進化するような出来事を神

様が御利益として与えてくれるでしょう。

正しく行動している人は、それ相応の贈り物を神様から授かることが出来ます。

真摯に祈願した後に起こる様々な出来事はすべて、神様からの贈り物となるはずです。

成人式

現在の成人の日は、1月の第二月曜日ですが、元は1月15日でした。この日はほぼ満月です。満月は、御先祖様が地上と繋がれる時期とされ、子孫の晴れ姿を見ていただくために満月の日が成人式として選ばれました。

成人式は、「冠婚葬祭」の「冠」です。平安時代よりも古くから行われてきた元服《げんぷく》の儀として、成人になる儀式で烏帽子《えぼし》という冠を被ったことに由来します。

昔の元服の儀では、男子は「烏帽子着の祝い」として正装し、女子は「鉄漿《かね》付け祝い」としてお歯黒を塗り、眉剃りが行われました。民間では、元服は着ないために、褌《ふんどし》を締める「褌祝い」が行われてきました。

現在は18歳から成人ですが、「成人式」を「二十歳の集い」などと名称変更して、いまだに20歳で行われることが多いようです。

世界には様々な成人の儀式があります。

バヌアツ共和国のペンテコスト島の成人の儀式「ナゴール」は、バンジージャンプの元祖となった儀式です。高く組んだやぐらに蔓を縛り、それを足首に巻きつけて飛び降ります。蔓は飛び降りる本人が選びます。蔓が長過ぎたり弱かったりすると地面に叩きつけられる、命に関わる儀式となります。

エチオピアのハマル族には、成人男性の通過儀礼として「牛跳びの儀式」があります。10～30頭の牛を並べて、その牛の背中の上を全裸で2～3往復走ります。落ちずに走ることが出来たら、成人と認められます。

昔のケニアのマサイ族では、一人で狩りに行き、ライオンを仕留めることで、大人の男性として認められる風習がありました。現在では、絶滅が危惧されているためにライオン狩りは禁止されています。

北米先住民には、「ビジョンクエスト」という儀式があります。部族によって詳細は異なりますが、男性は4日4晩、女性は2日2晩、集落から離れた自然の中で断食しながら、祈りを捧げ、出てくるビジョンを見る儀式です。

メキシコのベラクルス州では、「ダンサ・デ・ロス・ボラドーレス」という儀式があります。

成人を迎える男性が華やかで伝統的な衣装を着て、5人の男性が高さ30～40mの棒に登り、その中の1人は棒の先端で太鼓や笛の演奏を行い、残りの4人は腰に結んだ縄で逆さまになりながら下降します。この儀式は、ユネスコの無形文化遺産にも登録されています。

実は、日本でも成人を定めた法令が施行されたのは、1876年です。

それ以前の農村では、もっと早くから成人とされました。一般的には、男子は米俵一俵（60kg）を担げれば成人とされたり、女子は一日当たり七畝《なせ》の田植え、一反《いったん》の草むしりが出来たら成人とされました。

小正月（女正月）

旧暦では1月15日が正月でした。新年最初の満月の日を「小正月《こしょうがつ》」と呼びます。

この日は、小豆粥《あずきがゆ》を食べて一年の邪気を寄せ付けないようにしたり、紅白の小さな餅を木に飾る餅花を作って豊作を祈る風習などがあります。

小豆粥では、粥占《かゆうら》といって、その年の豊凶を占う御神事もあります。

満月の日は、月の表面の明るい部分と暗い部分がよく見えます。

日本では、ウサギが餅をついていると言われます。中国では、ウサギが不老不死の薬を作っていると言われています。古代インドのサンスクリット語では､月の別名に｢シャシャーンカ（ウサギの印を持つもの）」という名があります。タイにも月にウサギが住んでいるという伝承があります。他にも様々な国に月とウサギに関わる伝説が残されています。月にウサギの模様が出来たのは、39億年前の巨大隕石の衝突によるものと推測されています。

ちなみに、ウサギの他にも、欧州南部ではカニ、欧州北部では読書する老婆、欧州東部では横を向いた女性、ドイツでは薪を背負う男、中東ではライオンなど、地域によって様々な見方があります。

月の暗い部分は「海」「大洋」「湖」「沼」「入り江」と呼び、濃い色の玄武岩で覆われた月の平原です。それぞれの領域には名前がついています。海は「南の海」「氷の海」「賢者の海」「神酒の海」「晴れの海」「静寂の海」など。大洋は「嵐の大洋」。湖は「善良の湖」「喜びの湖」「忍耐の湖」「夢の湖」「希望の湖」「時の湖」など。沼は「眠りの沼」など。入り江には「愛の入り江」「虹の入り江」「成功の入り江」など。

明るい部分は「高地」と呼ばれています。標高が高く、光の反射率も高いために明るく見える地域で、斜長岩《しゃちょうがん》が主成分です。

月の各クレーターには、天文学者や数学者、医師、歴史家など、人の名前が付けられていることが多く、日本人の名前が付けられたクレーターもあります（浅田、長岡、村上など）。

月の明かりは、太陽の光の反射だけではありません。とても微弱ながら、あらゆる星々の光も一緒に反射して、地球に届けてくれています。

新年最初の小正月には、今年最初の初満月を愛でてみましょう。満月の力を体感することで、様々な学びがあることでしょう。

左義長（どんど焼き・おんべ焼など）

1月15日の小正月には、正月飾りや書初めなどを燃やして、五穀豊穣と無病息災を願う火祭りの行事も行われます。地域によって左義長、どんど焼き、どんどん焼き、おんべ焼、さいと焼き、三九郎焼きなどと呼ばれます。

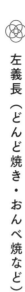

左義長の火で焼いた団子や餅を食べると、厄除けになるとされます。歳神様は、左義長の煙に乗って山へお帰りになるとされています。

書初めの半紙が煙と共に舞い上がると、書道の腕も上がると言われています。

左義長の起源は、平安時代の「三毬杖《さぎちょう》」です。3本の毬杖（色糸で飾った遊びに使う杖）を焼いた行事が始まりとされています。

江戸時代の宮中では「御吉書三毬杖」といい、正月15日の定例行事となりました。これは正月2日に天皇が御書き初めあそばした「宸筆《しんぴつ》」を焼くものでした。

江戸時代、江戸の町には木造家屋が密集し、火事の危険性があったため、庶民による左義長は禁止されていました。

これは、現代社会の都会でも同じです。残念なことに、都会生活では電化製品の普及に伴い火は極力隠されてしまい、本物の火に接する機会が極端に減りました。焚火《たきび》は制限もしくは禁止され、調理も火から電熱に代わり、ストーブも薪や炭からエアコンに変わり、ロウソクでさえＬＥＤが増えています。

多くの人は、火が身近なものではなくなったことから、火の持つ美しく有用な波動の大切さを忘れてしまっています。

そして火は「霊《ヒ》」、見えない世界からのエネルギーの象徴でもあります。物質至上主義の現代では、やはり「ヒ」の本当の大切さを感じることが必要です。

左義長では、火に正月飾りなどを投じる時に、五穀豊穣、無病息災と共に、自分の心の中の想いが昇華され、高い波動へと移っていく様子をイメージしてみましょう。

藪入り（宿下り・六入り・親見参）

小正月が終わった旧暦1月16日と、お盆が終わった7月16日が藪入《やぶい》りです。宿下《やどくだ》り、六入《ろくい》り、親見参《おやげんぞ》とも言われます。

藪入りとは、丁稚奉公《でっちぼうこう》に出された子供が、年に二回だけ休暇を許されて、自分の故郷に帰れる日のことです。

昔の子供たちは十歳くらいになると、各種の技術を持った親方や商店へ奉公に出ました。奉公とは、親元を離れ、無給のまま住み込みで働くことです。奉公人には土曜や日曜などの休みも、有給休暇などもありません。年に二回ある藪入りだけが、公に認められた休日でした。働き方改革を推進している現代では、考えられない勤務形態です。

藪入りの日は仏教の世界では「閻魔賽日《えんまさいじつ》」とされ、「地獄の蓋が開いて、亡者も責め苦を逃れる日」でした。「罪人に責め苦を与える地獄の鬼でさえもこの日は休むのだから、人も仕事を休みなさい」とされ、それが藪入りに影響したとの説があります。

藪入りの時は、店の主人も「しっかりやってくれています」という気持ちを示すために、小遣いや手土産を持たせて「お仕着せ」と呼ばれる新しい衣服を着せて、奉公人を実家に帰します。遠方から出てきていて帰れない場合には、芝居見物や買い物などで休日を楽しんだようです。

江戸時代の下級武士たちは、休みがあるようで休みが無い状態だったようです。

江戸城勤務の武士だと、「三日勤め」と呼ばれ、1日働いて2日休む勤務でした。でも、その分給料が安すぎて、休みの日に内職をしないと生きていけない待遇だったそうです。

農民たちは、正月や節句、祭日や特別な農休み以外はずっと仕事でした。商人は、それぞれですが、厳しいところでは休みもなく、娯楽も禁止していた商店もあったようです。

日本人が、社会に貢献したいという気持ちの表れが、よくわかる勤勉さです。

第二次世界大戦後は、労働基準法の施行により藪入りは消えていきました。

その名残は、お盆と正月の帰省という形で残されています。

古代エジプトのピラミッド建設労働者の村だったデール・エル・メディナの遺跡からは、労働者の出欠を記録した石板が発掘されています。

また、紀元前1270年頃に建てられたラムセスⅡ世葬祭殿の労働者名簿には、休みの理由が記載されています。「目の病気のため」「サソリに噛まれた」「妻の出血」「ビールの醸造のため」「二日酔い」「葬儀」など様々な理由で休暇をとっています。

二十日正月（骨正月・頭正月・棚さがし）

1月20日は、お迎えした歳神様がお帰りになる日です。この日が正月の祝い納めになります。正月の飾り物をすべて片付けます。

「骨正月」とも呼ばれますが、これは正月に食べた魚を骨まで食べ尽くす日という意味があります。「棚さがし」と呼ぶ地方もあり、これもお正月の残り物がないか探す日という意味です。

現代の日本は飽食となってしまいましたが、二十日正月には、食べ物を大切にする心を学んでみましょう。

「勿体《もったい》ない」という言葉があります。「勿体」とは、その物が持つ品や本来の価値や使命、すなわち「物体」を意味しています。「勿体ない」とは、物の本来の使命が失われてしまったことへの申し訳ない気持ちを表したものなのです。

この言葉はすべての被造物には、命があり、使命があると考える日本人特有の意識が表現されたものです。一つひとつの物の価値をしっかりと見極めて利用すれば、勿体ないような無駄が無くなります。

寒さが極まる大寒

1月20日頃から大寒となり、寒さも極まって、各地で雪が降りやすい時期になります。日本列島が西高東低の冬型気圧配置になると、太平洋側はよく晴れて空気は乾燥しますが、日本海側では北西の季節風が強まるため、日本海側の山が大雪となります。日本列島には、背骨となる脊梁山脈《せきりょうさんみゃく》があり、このような気候となるのです。

また、太平洋側では夏が雷の季節ですが、日本海側では冬が雷の季節になります。冬季雷《とうきらい》は夏の雷よりエネルギーが大きく、送電線などの被害が大きいようです。北陸地方では、寒鰤《かんぶり》漁の時期に当たるため、「ブリ起こし」と呼ばれます。

厳しい寒さは、「凍鶴《いてづる》」「寒雀《かんすずめ》」「冬鴎《ふゆかもめ》」など野鳥でも表現されます。

「三夏九冬《さんかくとう》」という言葉があります。これは、暑い夏も寒い冬も経験すれば、気温の変化に適応出来る丈夫な身体になるという意味です。特に、「子供は風の子」というように、寒い中でも元気に遊ぶ子供たちは丈夫になります。

最近の都会の住宅は、一年中一定の気温にしてあることも多くなりました。これでは、自然の気候に柔軟に適応する能力が奪われてしまいます。


雪は、雨冠に「ヨ」と書きます。「ヨ」は、元は「彗」が使われていました。「彗」には「箒」という意味があり、箒で掃くことが出来る雨という意味で「雪」となりました。また昔は、神様がこの世の不浄を雪で掃き清めてくれたとも考えられていたようです。


雪の結晶は、一つとして同じものは無く、空気中の諸条件によって形が変わります。基本形は、平らな六角形の「角板」、柱状の六角形の「角柱」です。

雪の結晶が六角形なのは、水分子が六回対称に並ぶためで、周囲の湿度や温度に応じて結晶が自ら最適な美しい形を選びます。

「0~マイナス4度」と「マイナス10~マイナス22度」のときは角板状、「マイナス4~マイナス10度」と「マイナス22度以下」のときは角柱状になるのが基本形です。さらに、大気中の水蒸気量の違いなどにより形を変化させていきます。

雪の結晶の図鑑は、日本では江戸時代から存在します。「雪華図説《せっかずせつ》」「続雪華図説」は、江戸時代1832年から刊行された雪の結晶の図鑑です。

下総国古河藩《しもうさのくにこがはん》の第4代藩主であった土井利位《としつら》が、オランダから輸入した顕微鏡（蘭鏡）を使って丹念に観察を続けて著した雪の結晶の図説です。土井利位のいた古河は関東平野のほぼ中心に位置しますが、江戸時代には今よりも冬の気温が寒く、雪が降る回数も多かったようです。

当時、他に誰も持っていない顕微鏡を手にして雪の結晶を見た土井氏は、その美しさにきっと夢中になったことでしょう。

日本には、美しい雪言葉がたくさんあります。

早い時期の雪は「初雪」「初冠雪」「早雪《そうせつ》」「秋雪《しゅつせつ》」、雪が定着したら「根雪」「締り雪」となります。旧暦12月の雪は「臘雪《ろうせつ》」、12月8日の雪は「八日吹き」、お正月三が日の雪は「三白《さんぱく》」。

春の終わりには「終雪」「春雪」「太平雪《たびらゆき》」「宿雪《しゅくせつ》」「雪別れ」「名残雪」「雲雀殺し《ひばりごろし》」「雪の果て」「雪消し雪」「涅槃雪《ねはんゆき》」「雪涅槃」「残雪」「融雪」「忘れ雪」「去年《こぞ》の雪」など。

日本に数か所ある一年中残る氷河は「万年雪」と呼びます。

雪が降りそうな時は「雪催《もよ》い」、降り積もる様子は、「新雪」「銀世界」「雪化粧」「薄雪」「衾雪《ふすまゆき》」「篠《しの》の小吹雪《おふぶき》」「吹雪」「猛吹雪」「暴風雪」「雪しまき」「地吹雪」「綿帽子」「冠雪」「どか雪」「松雪」「山雪」「里雪」「雪崩《なだれ》」。雪が融けると「雪解け水」「雪代水《ゆきしろみず》」「雪汁《ゆきしる》」「雪消水《ゆきげのみず》」、重い雪で枝がおれることを「雪折《ゆきおれ》」、雪で明るくなることを「雪明り」と言います。雪の精霊を「雪女」とも言います。

雪降る時の音は、「しんしん」「こんこん」「ちらちら」「ふわり」「はらはら」「めんめん」「ひひ」「しょうしょう」など。

さらに雪は素敵な名称がたくさんあります。

「細雪《ささめゆき》」「粉雪」「小雪」「大雪」「豪雪」「微雪《びせつ》」「凍雪《しみゆき》」「ダイヤモンドダスト」「白雪」「霧雪」「銀花《ぎんか》」「銀華」「白華《はっか》」「ベタ雪」「小米雪《こごめゆき》」「牡丹雪」「瑞雪《ずいせつ》」「淡雪《あわゆき》」「綿雪」「玉雪」「玉屑《ぎょくせつ》」「玉塵《ぎょくじん》」「風花《かざはな》」「不香花《ふかか》」「六花《ろっか》」「六出《りくしゅつ》」「六出花《りくしゅつか》」「六辺香《ろくへんこう》」「深雪」「素雪」「灰雪」「暮雪」「泡雪」「沫雪《あわゆき》」「花弁雪」「餅雪」「湿雪」「乾雪」「氷雪」「水雪」「霙《みぞれ》」「霰《あられ》」「雹《ひょう》」「白魔」「斑雪《まだらゆき》」「粗目雪《ざらめゆき》」「垂雪《しずりゆき》」「天花《てんか》」「天華」「青女《せいじょ》の雪」「寒華」「雪の華」など。

ちなみに、白髪がゆっくりと増えていく様子を、大和言葉では「頭《かしら》の雪」と表現します。

考えてみれば、こんなにも美しい芸術作品が空から無数に降ってくるのです。大気の状態によって、すべての雪片《せっぺん》が個性的に美しく結晶化されるのは驚きです。水は、そこに干渉する波動によって、美しい結晶になることが実験で示されています。平和な世界では、きっとすべての雪の結晶が美しいことでしょう。空に向かって、「ありがとう」「愛しています」と言えば、とても美しい雪の結晶が見られるかもしれません。

「聴雪読光《ちょうせつどくこう》」、普段意識しない雪の音に耳を澄ませ、わずかに感じる太陽の光を読むという意味です。

「聴く」という言葉は、耳を使って、目を休めて、心を足す（十）という行為を指します。「聴雪」とは、耳を通して心で雪の音を聴くことです。そして、同じように光を読むのです。

晴れた日には当たり前のお日様の光ですが、雪の日には、わずかな光もとても貴重なものに思えます。そして、晴れの日には感じることの出来ない、光の揺らぎを演出してくれるのです。

光を願えば、ほんの数秒だけ雪が止んで、光が山の頂上を照らしてくれます。

聴雪読光の積み重ねは、やがて、聴こえない音を聴き、見えない光を読み取ることに繋がっていきます。

日本人は、この感性と能力を誰もが備えています。

冬の土用

「冬の土用」は、1月下旬から2月上旬の立春前日までの18日間です。冬の土用は特に、暴飲暴食や冷えなどから来る不調に備える時期になります。

土用は、「土旺用事《どおうようじ》」の略語で、「土の作用が強まる時期」という意味があります。土は、季節が変化する土台となっているのです。

江戸時代には、冬の土用の丑《うし》の日には「丑紅《うしべに》」という紅が人気で、女性の口唇・口内の荒れや子供の疱瘡《ほうそう》、便秘などの治療に使われていました。明治時代までは「寒紅《かんべに》売り」までありました。寒い時期に作られた紅は、水の不純物が少なく良質の紅となるためです。

紅は、紅花から抽出される色素で、血行を良くする作用があるとされ、薬の他にも、染料、化粧、食用、さらには人生の様々な儀礼の際に、慶び祝う気持ちを込めて使われてきました。

「未の日《ひつじ》」には、縁起を担いで「ひ」のつく食べ物や赤いものを食べると良いとされています。

「ひ」のつく食べ物には干物、ひきわり納豆、冷ややっこ、ひよこ豆、ヒラタケ、ヒラメ、ひじき、ひつまぶし、ひもかわうどんなど、「赤いもの」には梅干、トマト、パプリカ、ラディッシュ、いちご、りんご、イクラ、マグロ、かに、たこなどがあります。

二月

如月《きさらぎ》・建卯月《けんぼうげつ》・令月・衣更着《きさらぎ》・梅見月・梅月・麗月・仲春・雪消月《ゆきぎえづき》・雪解月・初花月・小草生月《おぐさおいづき》・木芽月・雁帰月《かりかえりづき》・恵風など

寒い時期で衣を重ね着する衣更着《きぬさらぎ》の月。「如」という漢字は、巫女と祭祀の器を合わせたものとされ、神に近づく、天意に則《のっと》る、天意に従うという意味があります。

うるう年とうるう秒

うるう年は、中国由来の漢字で「閏年」と書きます。「閏」は、門の中に王がいると書き、「より豊かである」「1年の日数が平年よりも多い」ことを意味する漢字です。「潤《うるお》い」という字に似ているので、「うるう」と読まれるようになりました。

うるう年が2月なのは、古代ローマ帝国時代に、一年の始まりが3月だったことに由来します。

普段の23日と24日の間に1日が追加され、実質的に24日が2回来ることになっていたそうです。なぜ23日なのかというと、1年の終わりを祝うお祭り「Terminalia」が2月23日に開催されていたことが由来だという説があります。

その後、グレゴリオ暦が導入されたことによって、世界的に2月29日が「うるう日」として制定されることになったそうです。

うるう年は通常4年に1度ですが、例外として、西暦年号が100で割り切れて

400で割り切れない年は平年とするという規定があります。
2100年は、100で割り切れるのに、400で割れないので、うるう年ではなく平年となります。

最近では、時間を測定する技術が進歩して、原子時計で正確な時間が測定出来るようになりました。でも、地球の自転速度には、大気や海流、潮の満ち引きによる潮汐摩擦《ちょうせきまさつ》の状態によってわずかなリズムの違いがあり、原子時計とはほんの少しズレが生じてきます。それを補正するのが「うるう秒」です。

しかしながら、うるう秒を追加する度に、コンピューターなどでシステム障害が発生するリスクが高まる可能性が懸念され、「うるう秒補正」は最近になって実質上廃止となっています。

二日灸（如月灸・二日焼）

旧暦の2月2日と8月2日にお灸《きゅう》をすると、効果が二倍となり、無病息災で暮らせるとされてきました。

この日は旧正月にあたり、寒さで縮こまった身体を労わるのに適した時期でもありました。貝原益軒《かいばらえきけん》の「養生訓《ようじょうくん》」には、「脾胃《ひい》（消化器系）が弱く食が滞りやすい人は、陽気が不足しているから、毎年2月と8月に灸をするとよい」と書かれています。

灸は、ヨモギの葉で作ったモグサを皮膚の経絡上で燃焼させることで生まれる、温熱刺激とモグサの薬効を利用した治療法です。灸の効能としては、免疫力の向上、自律神経系の強化、血液循環の向上、細胞機能強化、消炎作用などが知られています。

灸はかなり昔から行われており、豊臣秀吉など戦国時代の武将たちは健康を保つために灸を利用し、松尾芭蕉は灸をしながら全国を旅していました。江戸時代には、庶民にも広く利用されるようになりました。

温熱療法と言えば、温泉もあります。

日本は温泉文化の国です。縄文時代の遺跡からも温泉跡が見つかっています。

日本列島には、世界の活火山の約１割が集中しているために、火山性の温泉に恵まれています。それだけエネルギーに満ちた国土であるということです。

「古事記」には、日本の国土が出来た時の様子として「葦牙《あしかび》の如く萌え上がるものによりて成りこませる神の名は宇摩志阿斯訶備比古遅神《うましあしかびひこちのかみ》、次に天之常立神……」とあります。

これは、葦の新芽が一斉に萌え立つような勢いで、神のエネルギーが生まれ出ている様子を表現しています。ここで出てくる神の名は、様々な生命エネルギーが神格化された表現です。


現在の日本には、２万７０００を超える源泉があります。その湧出《ゆうしゅつ》量は、１分当たり２５００万リットル以上という膨大な量になります。温泉施設は、２万軒を超える世界屈指の温泉大国です。

日本の温泉は、源泉ごとに成分が異なり、色や香りが楽しめて、効能も多くあります。

最も寒い時期には、体表面の毛細血管は縮小しています。

お灸で経絡を温め、温泉で身体を温めて、血の巡りを改善して癒されましょう。

温泉では、温泉の神様である大己貴命《おおなむちのみこと》と少彦名命《すくなひこなのみこと》の二柱と一体化してみましょう。

節分（寒さ離れ・豆まき・鬼やらい）

立春の前日で、太陽暦では2月3日頃になります。

この日の夕方に炒った大豆をまく風習があります。

節分の前日に福桝《ふくます》に炒った大豆を入れて神棚にお供えします。豆を炒るのは、「魔目を射る」ことに通じるからです。神棚で神さまの霊力を豆に入れていただきます。そして節分当日に、その豆を神棚から下げて、撒きます。


豆を撒く時に「鬼は外、福は内」「福は内、鬼も内」など、様々な唱え方があります。

神社では、「福は内」だけ唱えたり、何も唱えない神社もあります。それは「鬼の定義」が異なるからであり、鬼を祀っている神社も多くあるからです。

鬼（邪氣）を祓うために、霊力の象徴である豆を撒く人もいれば、神のエネルギーに、感謝の意をこめて豆を捧げる人もいます。

地域によって、人によって、各々の思いによって、様々な鬼の取り扱い方があります。また、よく相撲取りが神社に招かれて豆を撒きますが、これは大相撲の四股《しこ》を踏む所作には、災疫をもたらす鬼を踏みつけて鎮めるという意味があるからです。

日本各地に、追いやられてしまう鬼が集まる場所があります。

有名な所では、奈良県吉野郡の天河大辨財天社《てんかわだいべんざいてんしゃ》です。この神社の神職は、修験道の役行者《えんのぎょうじゃ》に仕えていた、前鬼と後鬼の子孫と伝えられています。節分の前日には、ご先祖様の鬼を迎えるための御神事が行われます。

また、群馬県藤岡市鬼石《おにし》は、鬼が投げて出来たという伝説のある町があり、鬼が守り神になっています。節分には、全国で追い出された鬼を歓迎する鬼恋《おにこい》節分祭が行われています。

一部の「ワタナベ」家では、「節分の豆まきをする必要がない」という伝統もあります。平安時代に、鬼の頭領として鬼たちを従えて暴れまわっていた酒呑童子《しゅてんどうじ》を、日本で初めて「渡辺」を名乗った渡辺綱《わたなべのつな》氏が討伐したためです。それ以来、生き残った鬼たちは渡辺氏を怖れ、渡辺家には鬼が近寄らないという理由があるそうです。

豆まきは、古代中国の「追儺《ついな》」という、疫病や災害を鬼に喩えて追い払う行事が起源となります。疫病や災害は、本当は人々の霊性を引き出し高めるための神々の配慮なのですが、人々には嫌われています。

平安時代には、宮中で追儺が行われ、室町時代の頃から大豆が蒔かれるようになったようです。大豆は「魔滅」に通じるからです。

明治時代には、節分に大豆を使った豆占いが流行していました。囲炉裏《いろり》に12個の豆を並べて、その焼け具合で各月の天候を占うものです。

大豆は、米と共に和食の土台となっている大切な食材です。大豆の食材としての起源は古く、縄文時代にはすでに食されていたことが、発掘調査によって判明しています。

日本では、大豆は貴重な蛋白源《たんぱくげん》です。大豆を使った代表的な食品には、味噌や醤油の他にも、納豆、豆腐、豆乳、湯葉、きな粉、もやし、煮豆などがあります。

「古事記」や「日本書紀」の神話の中にも、大豆の記載が見られます。

古事記には、素戔嗚尊《すさのおのみこと》が食物の女神である大気都比売神《おおげつひめのかみ》に食べ物を求めた時に、大気都比売神は鼻や口、尻から食材を取り出して調理していました。それを見た素戔嗚尊は怒り、大気都比売神を殺してしまいます。すると、大気都比売神の眼から稲が生まれ、耳から粟、鼻から小豆、陰部から麦、尻から大豆が生まれたと記されています。

日本書紀でも話が似ていて、食物の神である保食神《うけもちのかみ》が月読尊《つくよみのみこと》に食事を出す時に、口から飯と魚と獣を出したことに月読尊は怒り、保食神を殺してしまいます。すると、保食神の眼から稗《ひえ》、腹から稲、陰部から大豆が生まれたと記されています。

大豆の豆は、古くからその栄養価が高く評価され、「魔滅」「万米」などとも呼ばれてきました。

福とは富や健康のことであり、鬼とは病気や災害など不幸な出来事の象徴です。豆は「魔滅」として、魔力を封じる力の象徴とされました。

豆まきが終了したら、豆を回収して、自分の年齢に一つ加えた数だけ食べます。高齢で食べきれない場合には、豆を急須に入れて豆茶を作って飲むと良いとされています。これで、年齢プラス一年間は無病息災でいられるからです。

昭和30年代以降、北海道を中心として、寒い地方では大豆の代わりに落花生が使われることがあります。

時代と共にこのような風習は変化していくものですが、いつの時代においても、心を込めて行うために、その由来や意味を知り、その本質を理解し、その上で自分が行う霊的な目的をしっかりと定めることが大切です。

実は、鬼は身魂を磨くためにあえて悪者を演じなければならなかったのだとしたら、今までの節分の認識も変わるはずです。

せっかくの節分ですから、まずは「鬼」を感じてみましょう。

鬼は、元々は「穏人《おんにん》」「穏《おん》」と呼ばれていました。目には見えないエネルギーのことで、狭い意味では肉体を持たない存在のことになります。「穏」は、何をしているかわからない存在であったために、怖れられてきました。

その本体は、「御二《おに》」「二の神」さらに「丑寅《うしとら》の金神《こんじん》」と呼ばれた国万造主大神《くによろずつくりぬしのおおかみ》とされています。

それが時代を経るうちに、目に見えないものへの怖れから、怖いものはすべて一緒くたに「鬼」という誤解が生じるようになりました。

昔は、見えない世界のことをよく理解している人を、「鬼知《ものしり》」と呼びました。「もの」とは、精霊や霊的存在という意味で、邪氣を持つ存在は「もののけ」、邪氣を祓う人は「もののふ」と呼ばれました。

「魂」という字は、鬼に云（いう・めぐる・かえる）を加えた漢字です。もちろん魂は、私たちの美しい本体であり、怖いものではありません。

大和言葉では、この云に、「いう・めぐる・かえる」という読み方をつけました。これは、見えないエネルギー体である鬼と合わせて、地上での活動・輪廻・神への帰還を表す言葉となっています。

また、亡くなってからしばらく地上に留まる魂を「魄《ハク》」といいますが、この字も「鬼」に「白」を加えた漢字になっています。でも、もちろんそれらは邪氣ではありません。

鬼は、狭い意味では邪氣として扱われてきましたが、実際には、この物質世界での氣を清らかなエネルギーへと戻す力を持ちます。広い意味では、神さまに由来する、すべての神聖なエネルギーを意味しているのです。

節分の鬼が、虎のパンツを履いて角があるのは、節分の時期が十二支で表すと丑と寅のほぼ中間である艮《うしとら》にあるからです。

艮の方角は「鬼門」と呼ばれて、心が清浄でなければならない神聖な方角になります。時刻で言うと午前3時頃の、最も神聖な時間帯に属しています。

鬼門は、貴門であり、生門、氣門、喜門、起門でもあります。すべての穢れを祓い清めて、新たな生を歓喜と共に始める神聖な意味があります。

貴門は、物質界での身魂磨きのために、あえて神の法から人を引き離すために、鬼門と呼ばれ、避けるべき方角という誤認識を人々に植え付けられました。そのため、穢れを清めない人にとっては怖れるべきものとなっているのです。

この物質世界は、幻影の世界として創り出されることによって、地上に下りた人間に無智の覆いを被せて、意識を物質の中に埋没させせます。その無智の状態から再び神へと向かうことが出来れば、魂はより高貴な輝きを増すことになります。

物質世界の地球という幻影の世界は、魂に試練を与える特殊訓練所のような役割を担っているのです。

そのような中において、鬼は怖いものとして発展してきた節分ですが、節分で鬼に豆を撒く所作の中に、新たな立春を迎えるために精進する思いが込められてもいるのです。

鬼に甘えず、自分自身の精進によって身魂を磨く決意です。

大いなるエネルギー上昇期に入った現在では、鬼を追いやる必要は無くなっていきます。

これからは鬼を引き入れて、御二の神様と共に、神聖なる意識を強めていくように変化していくはずです。

そうなると、現行の「鬼は外、福は内」は、「鬼は内、福は外」に変化していくことでしょう。つまり、高貴で美しいエネルギーである御二が内側に留まると、外側へ向けて福を拡げていくことになるのです。

豆まきで撒く「まめ」は、「魔滅」から「真米《まめ》」「真命《まめ》」「真恵《まめ》」となり、自分から世界に向けて美しいエネルギーを撒くイメージで拡げていくことになるでしょう。

なお、各節分は、春夏秋冬の始まりの前日で、季「節」の「分」かれ目です。節分には、家の中だけでなく、自分自身の浄化も行いましょう。

お風呂に天然塩や日本酒を少し入れて禊をしてみることをお勧めします。

新たな年の始まり、立春

2月4日頃、冬が極まり春の気配が立ち始める日です。

旧暦では年末または年始となります。象徴的な意味では宇宙創造の起点、地球の一年周期の起点ともされ、新たな年の始まりでもありました。

旧暦元旦と立春が一致する場合を朔旦立春《さくたんりっしゅん》といい、とても縁起の良い日とされます。

1954年、1992年、2038年が朔旦立春となります。

旧暦の2月4日は、稲作に関わる神様に感謝を捧げる祈年祭《としごいまつり》が行われてきました。明治6年からは、2月17日に改変されています。

この日は、立春祭の日であり、「木芽春立《このめはるたつ》の祭《まつり》」とも呼ばれます。この祭りが年間最初の祭祀とされてきました。

立春には、「立春大吉《りっしゅんだいきち》」と書かれたお札を貼る風習があります。この四文字は左右対称形で、表から読んでも裏から読んでも同じに読めるため、鬼が勘違いして引き返すと言われ、厄除けの効果があるとされてきました。

また、春になると一斉に命が芽生えるように、勢いのある天地の氣をいただくことの出来る縁起物の御札として、「立春大吉」と書いて、大切な部屋の入口に掲げます。

立春までは、「寒中見舞い」ですが、その後も寒さが続く場合には「余寒見舞い」となります。夏の「暑中見舞い」が立秋前、「残暑見舞い」が立秋後なのと同じです。

今だとスマホで気軽に、大切な人に送ることが出来ますね。

昔は、東の風が春を連れてくるとも言われていました。

東の風には、心を清らかにする神のエネルギーが含まれています。

立春には、東の窓を大きく開けて、東風を部屋の隅々まで招き入れ、春の氣を取り入れましょう。東側に窓がなければ、東の方向へ外出して、春の氣を全身に取り入れてみましょう。

立春は、冬に育んだ内的な実りを外の世界に活かしていくスタートの時期。

私たちに備わっている純粋知性・純粋理性を意識して、清らかな心を外に開いていきましょう。

北方領土の日

2月7日。1855年2月7日に日本とロシアとの間で択捉島《えとろふとう》とウルップ島の間を国境とする「日魯《にちろ》通好条約」が調印された日です。これによって、択捉島、国後島《くなしりとう》、色丹島《しこたんとう》、歯舞群島《はぼまいぐんとう》で構成される北方四島は、日本固有の領土として国際的に確立されました。

ところが、第二次大戦末期1945年8月9日、ソ連は日ソ中立条約を一方的に破棄して対日参戦しました。そして、日本がポツダム宣言を受諾し、降伏の意図を明確に表明し敗戦した後になって、ソ連は北方四島に侵攻し、すべてを占領してしまいました。

現在の日本の領土は、第二次世界大戦後の1952年4月、サンフランシスコ平和条約によって世界的に認められていますが、ソ連はサンフランシスコ平和条約への署名を拒否したまま、現在に至っています。

ちなみに、日本の領土で最も南にあるのは、オーストラリアのNSW州のカウラ地区です。

オーストラリア政府は、1963年にこの地区にある日本人墓地を含む日本庭園の土地を「割譲《かつじょう》」という形で日本国に寄贈しました。この譲渡の背景には、悲しくも感動的な第二次世界大戦時のカウラ事件があります。

現在、日本の領土問題は主に、北方領土、竹島、尖閣諸島があります。また、外国人が日本の不動産を自由に購入する「静かな侵略」も進行しています。

世界でも多くの地域が領土問題を抱えています。有名なのは、パレスチナ自治区、チベット、カシミール地方などです。

南極も当初は、英国、フランス、アルゼンチン、ノルウェー、オーストラリア、ニュージーランド、チリの7カ国が、自国の領土を主張していましたが、1959年に南極条約が締結されて、平和利用の土地とされています。南極には各国の基地があり、日本は昭和基地、みずほ基地、あすか基地、ドームふじ基地の4つがあります。

月や惑星の領土については、宇宙利用の原則を定めた「宇宙条約」があります。ここにはいかなる国も人も、天体の領土を主張出来ないと明記されています。しかしながら、宇宙条約には抜け穴があるとされています。

米国は、天体から採収された物質は採掘者が合法的に所有出来、売却して利益を得ることも可能とする「商業宇宙打上競争力法」を可決して、国際社会の反発を招きました。

今のままでは、最も身近に到達出来る月の資源豊富な地域は、早い者勝ちで押さえられる可能性が高まっています。

すべての領土問題の根底には、人の欲が絡んでいます。お互いに欲がぶつかり合うために、解決が困難になっています。

ここを一歩進められた時代に、真の平和的解決があるのでしょう。

現在、本来は誰のものでもない地球、そして宇宙が、人間の所有欲に支配されています。地球は、人間だけが住んでいるわけではありません。

人間が勝手に自分たちの領土を決めて、そこに生息する生き物たちの所有権までも勝手に決めてしまっているのが現状です。

北米先住民のシアトル酋長の言葉をご紹介します。

ワシントンの大統領が、我々の土地を買いたいと申し出た。

どうやってこの広い大空を買うことが出来るのだろう？

この新鮮な空気や流れる水のきらめきが、もし我々の所有物ではないとしたら、

それをどうやって買うというのだろう。

この母なる大地のあらゆるものは、我々にとって神聖なものだ。

我々は母なる地球の一部であり、母なる地球は我々の一部でもあるのだ。

野に香る花々は、我々の姉妹。

クマやシカ、空を飛ぶ偉大な鷹は、我々の兄弟。

険しい岩山も、草原の朝露も、ポニーの体のぬくもりも人も、すべては同じ家族に属している。


もしもあなた方にこの土地を売るのであれば、あなた方はこの土地のすべてのものが神聖だということを理解しなければならない。

あなた方は、自分の子供たちに、我々が子供たちに教えたことを教えることが出来るだろうか？

地球は母なる大地だ。

地球に起こることは、すべて子供たちにも起こること。そして大切なことは、地球は人間に属しているのではなく、人間が地球に属しているのだということ。

すべては、身体の血液のように、繋がりを持っているのだ。

我々は、生まれたての赤子が母の心音を愛するように、地球を愛している。

だから、もし我々がこの土地を売るときには、我々が愛するように愛し、我々が大切に扱うように大切に扱いなさい。

この大地を受け取る時には、大地の記憶をしっかりと心に刻みなさい。

未来の子供たちのために大切に扱い、神が我々を愛するように、愛しなさい。

我々が大地の一部であるように、あなた方も大地の一部なのだ。


この地球は我々にとって、とても貴重な宝であるように、あなた方にとっても貴重な宝なのだ。

一つ、確かなことは、神は一つであるということ。

レッドマンも白人も分け隔てなく、我々もすべて兄弟なのだ。


日本の領土をしっかりと守る真の意義は、物質的な土地の保有だけでなく、新しい地球に必要な資質である、日本人の崇高な精神性と霊性を守ることにあるのです。

建国記念の日（紀元節）

2月11日。建国記念日の元は「紀元節」であり、天照大御神の五世孫で、日本の初代天皇とされる神武天皇が即位した紀元前660年2月11日に制定されました。

第二次世界大戦後に、GHQ（連合国軍総司令部）の意向によって祝日は廃止されましたが、その後も昭和天皇が「臨時御拝《ごはい》」を続け、現在では「三殿御拝」と名を改めて続けられています。

そして、1967年から「建国記念の日」として再び祝日になりました。

国があることがどれだけ幸せなことか、日本にいると実感することが出来ません。世界には、国が崩壊し、国籍が無くなり、難民となった人たちもいます。祖国を失った人は、普段は感じることのない自分の国があるという有難さを身に染みて感じるようです。彼らは、なんとか渡航証明書を得て、海外へと避難しても、崩壊した国の国民というだけで、社会的に信用されなくなってしまうのです。

神日本磐余彦火火出見天皇《かむやまといわれひこほほでみのすめらみこと》は、九州高千穂より国の中心地を目指して東へ向かい、畝傍山《うねびやま》東南麓に橿原宮《かしはらのみや》を創建され、その地で第一代天皇として即位されたと記録されています。皇后となられたのは、媛蹈鞴五十鈴媛皇后《ひめたたらいすずひめこうごう》です。

橿原宮址《あと》には、明治時代になってから橿原神宮が創建されています。日本書紀による神武天皇の即位は、「辛酉年《かのととり》春正月《はるむつき》庚辰《かのえたつ》朔《ついたち》」（紀元前660年1月1日：縄文時代末期）を、グレゴリオ暦に換算すると、2月11日となります。この紀元前660年から神武天皇即位紀元（皇紀）元年とする暦が、明治・大正期から第二次世界大戦の終戦（1868〜1945年）まで用いられていました。

紀元節には、宮中皇霊殿《こうれいでん》で天皇親祭の御神事が執り行われ、さらに各地では神武天皇陵の遙拝式も行われていました。また、全国の神社においても、紀元節祭が行われていました。

神武天皇の建国の理念には**「八紘爲宇《はっこういう》」**があります。「八紘を宇と為す」という意味で、この言葉は日本書紀巻第三・神武天皇即位前紀己未年三月丁卯条の「令」に収録された、神武天皇が天皇に即位する前に語ったとされる言葉の抜粋です。

「八紘《あめのした》ヲ掩《おほ》ヒテ宇《いへ》トセムコト、又可《またよ》カラズヤ」。

その内容は、**天地四方八方に広がるこの世界に生きるすべての民族が、一つの家に住む同胞のように仲良く平和に暮らすこと**と解釈されています。

現在、「公共」「公式」「公営」「公益」などで使われている「公《おおやけ》」とは、「大宅《おおやけ》」、つまり「一つの大きな家」という意味です。私たちは、一つの家に暮らす家族という思いが込められているのです。

日本は、とても古い時代から「和」の心を大切に生きてきた国です。長い歴史の中で培ってきた、日本人の美しい精神性を誇りに思います。

一人ひとりの個性を持ちながら、共通の理念を掲げて、世界平和に向かって行動し、実現していくのは日本人の使命だと思います。

商売繁盛を祈る初午

2月最初の午の日は「初午《はつうま》」と呼ばれ、全国各地の稲荷社《いなりしゃ》で祭礼が行われます。稲荷社は、全国に3万社以上あるとされています。この日は、稲荷社総本山である京都の伏見稲荷大社の祭神が、2月最初の午の日に伊奈利《いなり》山に降臨したという伝説に基づいています。

稲荷は商売繁盛で有名ですが、稲生《いなり》とも言われる通り、主祭神は五穀豊穣の神様で、農村部では豊作祈願の神様です。

ちなみに、商売のことを「あきない」というのは、秋の収穫物を交換したり配布することを意味したのが語源です。

江戸時代は、この日が寺子屋に入る日でした。

お稲荷さんには必ず狐（氣通根）が祀られていますが、これは稲荷社の祭神が仏教の荼枳尼天《だきにてん》と習合され、白狐に乗る天女の姿で表されることに由来します。荼枳尼天は、稲荷権現・飯綱権現と同一視されています。

日本の商売繁盛の考え方は、西洋諸国とは違います。商売では、**自分の利益よりもまず「和」の精神をもって、信頼関係を優先する傾向があります。** 大坂商人、伊勢商人と並ぶ日本三大商人の一つである近江商人は、利益至上主義を戒め、「売り手よし、買い手よし、世間よし」の「三方よし」を理念としていました。また、**「利真於勤（利は勤むるにおいて真なり）」**という、自分の利益は誠心誠意商売をした結果であり、それを目的としないこと、**「陰徳善事」**は商売を通して人知れず善い事を行うことなども理念として掲げられていました。

現代では、西洋式のビジネスの影響なのか、利益至上主義・売上至上主義が浸透しつつあります。もう一度、何のために商売繁盛を祈るのかを見つめてみることも大切なのではないでしょうか。

初午だけではなく、他の十二支にも初があります。

初子：正月と十一月最初の子の日。大黒天を参拝する日。
初丑：夏の土用の最初の丑の日。鰻を食べることで有名。
初寅：正月最初の寅の日。福徳を願い毘沙門天を参拝する日。
初卯：正月最初の卯の日。神仏に参拝する日。

初辰：正月最初の辰の日。商売繁盛や家庭繁栄を祈って参拝する日。「四十八辰」が「始終発達」と読めることから、48回参拝すると満願成就となる。
初巳：正月最初の巳の日。弁財天を参拝する日。
初未：正月最初の未の日。新しいことを始める日。
初申：正月最初の申の日。庚申塚《こうしん》や庚申堂をお参りする日。無病息災と豊穣を祈る日。
初酉：正月最初の酉の日。商売繁盛や豊作祈願を祈願する日。
初戌：初戌または妊娠五カ月目の戌の日に安産を祈り水天宮へ参拝する日。
初亥：正月最初の亥の日。摩利支天を参拝する日。今年の豊穣と家族の健康を祈願する日。

道具に敬意を払う針供養

2月8日（京都では12月）。道具を供養する風習で、裁縫で使った古い針や折れた針を、感謝の気持ちを添えて柔らかい豆腐や蒟蒻に刺して神社に奉納、または川や海に流します。裁縫上達も同時に祈ります。江戸中期以降に全国に広まりました。

現在でも、服飾業界では針供養が行われています。以前は病院関係者が注射針や縫合針を供養したそうですが、今は医療廃棄物の規制が厳しく針供養が出来なくなりました。

日本人は古くから道具に敬意を払い、とても大切に扱ってきました。現代のような使い捨てではなく、壊れてもきちんと修理して、使い尽くしたのです。

魂を注いで物を作り、心を込めて愛用すると、道具に命が宿ります。これが本当の物の扱い方です。

高額な機器でさえも使い捨ての現代社会で、物を大切にする精神、「勿体ない」の精神は、どこに行ってしまったのでしょうか？

海外では、最近「修理する権利」運動が活発化して、修理の権利に関する法律が制定されるようになってきました。

大量消費社会に生きる私たちは、もう一度、本来の物の大切さを再認識する最適な時期に来ているようです。

梅見（観梅・梅祭り）

梅見は、お花見の原点です。

奈良時代までは、お花見と言えば、春告草《はるつげぐさ》とも呼ばれる梅見でした。貴族たちの間では造園する際に、舶来の梅の木を植樹することが定番だったようです。現代で言えば、お金持ちが高価な舶来品を欲しがる感覚でしょうか。

梅の花には霊力があり、悪霊を祓うとされていました。女性は「髪挿《かみさし》」と言って、髪に梅の枝花を挿す風習があり、これが後に簪《かんざし》となりました。簪は髪を調えるだけではなく、悪い氣をも追い払うためのものでした。

「万葉集」では、桜を詠んだ歌が43首ありますが、梅を詠んだ歌は１２０首もあります。

当時の梅の人気が窺《うかが》えます。

現在の元号である「令和」も、「万葉集」巻五の「梅花歌三十二首并序」にある一文「初春令月、気淑風和」の「令月」と「風和」から一文字ずつとった造語です。

「万葉集」からおよそ100年後の「古今集」になると、桜を詠んだ歌は100首を超え、梅を詠んだ歌は20首と逆転しています。この間に大火があり、桜の木が多く植えられたことが要因のようです。


梅の別名には、春告草、木《こ》の花、初名草《はつなぐさ》、香散見草《かざみぐさ》、好文木《こうぶんぼく》、風待草《かぜまちぐさ》、匂草《においぐさ》などがあります。

梅には、花を愛でる観賞用の「花梅」と、花を愛でながら食用にもなる「実梅」があります。現在では、梅は500種以上の品種があり、そのうち約100種が食用の実梅です。

有名な梅園では、主に実梅が観賞用として植えられています。例えば「一目百万、香り十里」と呼ばれる和歌山県の南部梅林は、南高梅を中心に見渡す限りの梅の花が広がります。

代表的な実梅としては、和歌山県の南高梅・小粒南高・古城《ごじろ》、群馬県の白加賀、徳島県・奈良県・大分県の鶯宿、福井県の紅映《べにさし》、長野県の竜峡小梅、山梨県の甲州小梅などがあります。

梅干は、その名の通り、収穫した梅を塩漬けにして干したものです。

中国では、すでに2000年以上前から作られていました。日本に普及したのは、鎌倉時代以降です。

梅干は、昔から健康に必須の食材として重宝されてきました。「梅干の七徳」「梅干は三毒を消す」「梅干の難逃れ」「医師を困らすには刃物はいらぬ、朝昼晩と梅干を食え」などと、様々な功徳がある食材として愛されてきました。

梅干は、発酵菌を使わない漬物の代表格です。発酵菌を使わない他の漬物としては、紅ショウガや福神漬けなどがよく知られています。

ところで、花の終わりには美しい日本ならではの表現があります。

梅の花は溢《こぼ》れる、桜の花は散る・舞う、椿の花は落ちる、紫陽花の花は萎《しお》れる、牡丹の花は崩れる、薔薇の花は枯れる、朝顔の花は萎《しぼ》む、萩の花は零《こぼ》れる、菊の花は舞うなど、花弁の終わりの様子を上手く表現しています。

五穀豊穣を祈る祈年祭

2月17日。祈年祭《きねんさい》の「年」には、稲の実りという意味があります。昔の一年は稲作の一周期でもあったのです。

祈年祭は、その年の五穀豊穣を祈る大切な祭祀です。そして、新嘗祭の起点となる重要な御神事です。

霊的に見ると、地上に下りてきた人が惟神の道を歩み始める日、霊的に目覚めた日を表現し、霊的な実りを祈る儀式がこの祈年祭となります。

その起源は、農民たちが行う田の神への予祝祭《よしゅくさい》にあるとされています。その後に、中国の大祀祈穀《たいしごきかく》の要素が取り入れられ、飛鳥時代には国家規模の祭祀として執り行われるようになりました。

「延喜式」によると、伊勢の神宮を始め全国2861社の神々に幣帛《へいはく》（神への供物）が奉られていました。

その中でも、伊勢の神宮には天皇が勅使を派遣して祭祀が行われていました。ちなみに、伊勢の神宮の神職の長「祭主」は、明治以降は皇族が務め、戦後は旧皇族が務めています。

平安時代になると、天照大御神を主に祀る祭祀と認識され、天皇の祭祀として執り行われました。鎌倉時代初頭の「禁秘抄《きんぴしょう》」によると、祈年祭は伊勢の神宮の祭祀とされています。

室町時代後半の戦乱期には、他の祭祀と同様にほぼ廃絶状態となりましたが、明治時代の神祇官《じんぎかん》復興により再開されました。祈年祭は再び国家祭祀とされ、明治2年以降は、宮中だけでなく全国の神社においても行われました。

第二次世界大戦後は、祈年祭は国家祭祀ではなくなったものの、現在も祭祀として行われています。

稲作は、天照大神が高天原で行われていたものが、地上の人間に任されたものであり、神聖な働きとされてきました。日本での稲作は、人の霊性を高めるための神聖な生き方の象徴でもあるのです。

江戸時代にこの精神をわかりやすく説いたのが、徳川家に仕えた武士から出家した鈴木正三です。

彼は農民たちから「我らは朝から晩までただ働くばかりで、ただ土をこね、耕しているだけだ。このままではまことに無念。どうすれば仏に救っていただけるのか？」と問われました。

これに対して正三は、「農作業自体が仏行である。信心が堅ければ堅いほど、崇高な行いになる。引退してから何か修行しようというのは誤りだ。農業を職にするよう生まれてきたということは、天がこの世の民を養育する仕事を与えたということ。天道に御奉公する気持ちで農業に励み、お祭りし、万人の命を救い、すべての生き物を助ける気持ちでいれば、作物は清らかになり、煩悩《ぼんのう》を消滅させる薬になる」と説いています。

「百姓」という字は、百の姓《かばね》と書きます。「姓」とは、本来は、「氏《うじ》」を尊んだ称号であり、職能ごとに「臣《おみ》・連《むらじ》・造《みやつこ》・君《きみ》・県主《あがたぬし》・村主《すぐり》」などが付けられました。

「百姓」とは、様々な職能をすべてこなさなければならず、一つの姓には収まらないという意味を込めて「百姓」と呼ばれるようになったのが起源です。昔の百姓は、多くの技術や豊富な植物の知識が必要な農作業に加えて、気象予報・灌漑《かんがい》・治水工事、建築作業・農機具や生活用具の作製・家畜などの世話・糸や布や衣服作りなど、多方面の職能が必要とされたのです。

私は、万物を幸せに導くという意味を込めて、漢字を「百笑」とするのも好みです。

近い将来には、多くの人が、五穀豊穣を霊的豊作と重ね合わせて、清らかな農作物に心から感謝する日が再び訪れるでしょう。

春一番

2月25日頃（東京）、長く厳しい冬が終わり、春がやってきたことを知らせる強い南風が「春一番」です。

元々は長崎県の玄界灘にある壱岐《いき》が起源です。地元の漁師たちは早春に吹く「春一番」と呼ぶ南の暴風を知っていて、春になると厳重に注意していました。

1859年の旧暦2月13日は、朝から快晴で漁日和でした。ところが、海で漁をしていると、突然の強風「春一番」が漁船を襲い、53人が亡くなってしまう海難事故が起きました。現在でも、長崎県壱岐の郷ノ浦《ごうのうら》では毎年、旧暦2月13日には、どんなに晴れていても出漁をしないで「春一番供養」が行われます。

その後、1960年代からマスコミでも「春一番」という言葉が使われるようになり、気象庁は地域ごとに「春一番」を定義しました。各地域でほぼ共通の定義です。

関東地方では、次の5つの条件が揃うと、春一番とされます。

1. 立春から春分の間に発生。
2. 日本海側に低気圧がある。
3. 東京で最大風速8m／秒以上の風が吹く。
4. 西南西から東南東の方向からの風。
5. 前日よりも気温が上昇。

ちなみに、基準を満たす風が吹かない場合は「春一番」の発表はされません。

また、北海道や東北地方、沖縄では「春一番」は発表されません。
初夏に吹く強風は「青嵐」、初秋に吹く強風は「野分《のわき》」、初冬に吹く強風は「木枯らし」と呼ばれます。

他にも日本には、２０００以上の風の名前があります。
季節ごとの主な風をご紹介しましょう。

春の風：「東風《こち》」「春嵐」「春疾風《はやて》」「花風」「花嵐」「花信風《かしんふう》」「貝寄せ」「油風」「光風」「桜まじ」「谷風」「あいの風」「和風」
夏の風：「青田風」「薫風」「緑風」「若葉風」「青嵐」「黒南風《くろはえ》」「白南風」「南風《はえ》」「盆東風《ぼんこち》」「温風」「光風」「夏至夜風」「黄雀風《こんやくふう》」「流し」「熱風」「山背」
秋の風：「秋風」「色なき風」「金風《きんぷう》」「いなさ」「雁渡し」「萩風」「悲風」「涼風」
冬の風：「空っ風」「おろし」「寒風」「冷風」「霜風」「雪風巻《きしまき》」「陰風」「浚《さら》いの風」

例えば、春の花信風は、花が咲いたことを知らせてくれるそよ風です。
光風は、春の日射しの香りを届けてくれる暖かな風です。
夏の薫風は、初夏の新緑の中を吹き抜けた風に、若葉の香りとエネルギーが薫重《くんじゅう》された心地よい風です。
先人たちの豊かな感性を味わうことが出来ますね。

風は、神様の息吹です。すべてを動的に活性化させてくれます。

自分が何かの囚われから抜け出せない時、不自由さや停滞を感じた時に、風をしっかりと浴びてみてください。風が吹いてくる方向へ身体を向けましょう。ほとんどの人は強い風が吹くと、身体を固めて防御してしまいますが、自分の中に在る恐怖心や不安感、様々な雑念と邪念を運び去ってもらうことをイメージして、感謝の気持ちを持って全身で風を受けましょう。

そよ風であれば、風が、自分のことを愛をこめて抱きしめ、そっと優しく撫でてくれていると感じてください。

風に慣れてきたら、風に向かって立ち、風の流れに意識を集中します。風のエネルギー、自由さ、素早さを感じてください。この時、皮膚で感じるのではなく、体内も含めた全身で風を感じるようにしましょう。

多くの人は、風が人の意識に反応することに気づいていません。

風に自分の好きな方向から吹いてくれるよう、お願いしてみましょう。

心に取り込まれた風のエネルギーは、精神が高みに到達するための推進力となります。

三月

弥生・建辰月・花月・花見月・桜月・早花咲月・夢見月・雛月《ひいなづき》・蚕月《さんげつ》・春惜月・暮春月・桃月・桃浪月・草木張月・嘉月・佳月・竹秋・禊月《いげつ》

弥生の「弥」は、大和言葉で「ますます」という意味で、豊かさや繁栄を表します。草木がますます生えてくる「弥生《いやおひ》」の時期という意味になります。

啓蟄（驚蟄）

3月5日頃、「啓蟄《けいちつ》」を迎えます。

「蟄」は虫が土の中に籠っていること、「啓」は門戸を開くことを意味しており、合わせて「気候が暖かくなって、虫たちが地上に這い出てくる」という意味になります。この「虫」には、昆虫だけでなく、カエルや蛇なども含まれています。

一方で、旧暦10月に、寒くなり土の中に虫が籠ることを「閉啓《へいけい》」と呼びます。

啓蟄の時期には、多くの植物が芽生え、太陽光も暖かく、風も心地よく、すべてにおいて活動期に入る準備が整います。

この時期の雷は、土の中で眠っている虫を起こすと言われており、「虫出しの雷」「蟄雷《ちつらい》」と称されます。また、冬の間、害虫から松の木を守るために、藁で出来た菰《こも》を幹に巻きつけますが、菰を外す「菰はずし」が、暖かくなる啓蟄に合わせて、多くの地域で行われます。

春を告げる生き物は、多くいます。

ウグイスは「春告鳥《はるつげどり》」といい、鰊《にしん》は「春告魚《はるつげうお》」、春の鯛は「桜鯛」、タコは「桜蛸」、イカは「花烏賊《はないか》」などと言いますし、春の氷が融けた川で獺《かわうそ》がたくさん魚を捕まえて岸に並べる様子を「獺祭《だっさい》」といいます。どれも、春の陽気で活動し始めた動物たちの様子です。

季節の動物や虫の初めての鳴き声を「初音《はつね》」といいますが、昔の人はこの初音によって、季節の移り変わりを正確に理解していたのでしょう。

鳥の声を人の言葉に置きかえることを「聞きなし」といいます。ウグイスのさえずり「ホーホケキョ」は「法・法華経」、コノハズクの「ブッポウソウ」は「仏法僧」、ホトトギスの「テッペンカケタカ」は「天辺駆けたか」、カッコウの「カッコウ」は「格好」、ヒバリの「リートルリートルヒーチブ」は「利取る、利取る、日一分」など。「聞きなし」を知っていると、鳥の声の主が誰だか、覚えやすくなります。

かつては気象庁が、植物34種、動物23種の季節的観測を実施していました。桜の開花やたんぽぽの開花、彼岸《ひがん》桜の開花、アブラゼミの初鳴《はつなき》、ウグイスの初鳴、蛍の初見《しょけん》など、多くの生物について詳細な記録を行ってきました。そこで生まれたのが、桜前線やアブラゼミ前線などの風習です。

ところが最近になって、動物の観測はすべて廃止され、植物も桜や梅など6種類だけの観測になりました。特に、近年激減している虫の観測や、気候変動の影響を受けている植物の状況変化などは、未来の世代にもとても重要な情報になることを考えると残念です。

昔は人の身体の中にも虫がいると考えられていました。

「腹の虫がおさまらない」「虫が好かない」「虫の知らせ」などの表現もあります。

この虫は、私たちの心の中にある生きた思考です。

私たちも心の中に蓄えたアイデアや想いを外に出して、活かしていきましょう。

修二会（十一面悔過法要）

3月1日から14日頃。旧暦の二月に修する法会として「修二会《しゅにえ》」と呼ばれるようになりました。正式名称は「十一面悔過法要《じゅういちめんけかほうよう》」です。

「十一面悔過」とは、人が日常に犯してしまう様々な過ちを、十一面観世音菩薩の前で、懺悔《ざんげ》することを意味しています。

修二会が始まった古い時代には、鎮護国家、天下泰安、無病息災、五穀豊穣など、人々の幸福を願う行事でした。

この行事は、奈良時代に朝廷の保護を受けていた南都七大寺（東大寺、興福寺、元興寺、西大寺、大安寺、薬師寺、法隆寺）で盛んに行われてきました。その中でも、東大寺のお水取り、薬師寺の花会式《はなえしき》、新薬師寺のお松明《たいまつ》、長谷寺のだだおし（追儺会《ついなえ》）は広く知られています。

東大寺では、3月13日の深夜1時半頃に、「お水取り」といって、若狭井《わかさい》という井戸から観音さまにお供えする「お香水《おこうずい》」を汲み上げる儀式が行われます。この行を勤める練行衆《れんぎょうしゅう》と呼ばれる11人の僧侶たちの道明かりのために、大きな松明に火がともされ、幻想的な光景が見られます。

修二会は、私たちが日常生活で、夜寝る前に自分自身を内観することの象徴になります。

「この聖なる地球で、物質主義にどっぷりと浸透した社会の中で、自分は今日一日何をしたのか？」

自分の中の善と悪、物質的な行いと霊的な行いがどうだったのか、一日を振り返ってよく内観してみることは、霊性進化にとても役立ちます。

修二会では、「懺悔」を行います。

懺悔とは、過去の過ちを悔い改めるというだけのものではありません。

懺悔は本来、未来における行為を浄化するという目的があります。

懺悔することによって、未来では同じ過ちを犯すことがなくなります。つまり、懺悔の念が強ければ強いほど、未来において正しい道がはっきりしてくるのです。

ここで、どんなことでもよいので、自分の過去の過ちを思い浮かべて謝ってみましょう。

そして、その後に必ずやらなければならないのが、「褒める」ことです。小さなことでもかまわないので、自分のことを褒める。それから、自分の身の回りの存在を褒める。この世界のものを褒める。あらゆるものを片っ端から褒めてあげても良いでしょう。

「懺悔」と「称賛」で心が和んだ時、それが明るい未来を創っていくことになるのです。

上巳の節句（桃の節句・草餅の節句）

3月3日、上巳の節句は、3が重なることから「重三《ちょうさん》」とも言われます。

雛祭りは、平安時代の3月の最初の巳の日に行われた宮中行事「曲水の宴」と「上巳の祓」が起源です。

曲水の宴は、盃を庭園の流水に浮かべて、詩歌を詠む行事です。水に流すことで穢れを祓う意味があります。

厄とは、日常生活の中での不満や悪しき思いが、心の隅にしこりとなって潜んでいる状態です。上巳の祓は、紙や藁で作った人形に厄を移して川に流す流し雛の儀式です。

また、貴族の幼女には人形を抱かせて、災難や降りかかる悪い氣を人形が身代わりになり引き受ける「ひひな」という風習もありました。昔は地方によっては、雛人形を持って野山へ出かけて、お雛様に春の景色を見せてあげる風習もありました。

これらの風習が合わさって、次第に人形が良いものになり、江戸時代には豪華に飾る雛人形へと変化していきました。

雛人形を飾ることには、子孫繁栄を願う気持ちが込められています。菱餅や雛あられは、生命力や女性のエネルギー、大地のエネルギーを表現したものとされています。

雛人形は、二十四節気の「雨水《うすい》」の時期に飾るのが良いとされています。「雪解け水が豊かになる雨水にひな人形を飾り始めると良縁に恵まれる」とされてきました。

一部の地域（静岡県・山梨県・愛知県など）では、男の子用の雛人形「天神雛」もあります。

雛人形は、丁重に扱わなければなりません。眼には見えない世界の波動を調整してくれる、大切な役割を担う象徴的行為だからです。

上巳の節句は、桃の節句とも言われます。それはこの時期に咲く桃の花には、邪気を祓う力があるとされているからです。桃の霊力は、花だけではないため、小枝や蕾や葉を添えた桃の「しつらい」を作ってみましょう。

邪馬台国の中心地とも推測される奈良県の纒向《まきむく》遺跡からは数千個の桃の種子が出土しています。これも儀式に使われていたと推測されています。

おめでたい席で赤飯を食べるのは、小豆の赤い色に邪気を祓う力があるとされているからです。雛祭りの膳では、邪気を祓う「白酒」「草餅」「菱餅」「雛あられ」「ハマグリのお吸い物」が定番です。

草餅は、中国の上巳の節句には母子草の餅を食べる習慣がありましたが、日本では母と子をついて餅にするのは良くないと考え、ヨモギが使われました。

菱餅は、最初はヨモギの緑色の餅を菱形にしていました。これは菱の実の象徴で、菱の実を食べて千年生きた仙人にちなんだとも言われています。

ここに白いお餅を加えて、さらに明治時代からは山梔子《さんしし》で赤色を付けた餅も加えました。緑色は厄除け、健康、新緑を表し、白色は清浄、長寿、子孫繁栄を表し、赤色は魔除けの象徴とされます。また、白、緑、赤と重ねることで、雪が融けて、新緑の時期となり、桃の花が咲くという物語をも表現しています。

ハマグリのお吸い物は、ちょうどハマグリの旬なのですが、古来よりおめでたい食べ物とされてきました。ハマグリの古い別名は「うむぎ」で、「産む喜」にも通じます。ハマグリの貝殻はどれも同じように見えるのに、二つの分けた貝殻は、元の貝殻同士でないとぴったりと合わさりません。このことが夫婦円満、女性の貞操の象徴とされてきました。

ハマグリをいただいたら、是非子供たちと一緒に、貝殻の中にアクリル絵の具で絵を描いて、貝殻を組み合わせて遊ぶ「貝合わせ」を楽しんでみましょう。

3月4日の「雛納め」の時には、雛蕎麦を食べます。

これは、年越しそばと同じように長寿を願う気持ちが込められています。

子供が生まれてから初めて迎える節句を「初節句」といい、女の子は上巳の節句、男の子は端午の節句になります。

元々は、桃の節句（3月3日）の頃は、田植えの前に体力をつける時期にあたり、男性が薬湯を飲んで身体を調えることが行われていました。

そして菖蒲の節句（5月5日）の頃は、女性が田植えの時期に体調を調える風習がありました。女性は、豊穣を招く力を持つとされて、田植えは女性の仕事だったのです。

七夕の節句（7月7日）は、「ほおずきの節句」とも言われますが、その頃には女性がほおずきの根を服用する風習がありました。ほおずきの根には、妊娠しにくくなる作用があるとされ、この時期に妊娠すると、一年で一番忙しい稲刈りの頃に身体に負担がかかってしまうという理由がありました。

重陽の節句（9月9日）の頃は、稲刈りの時期なのですが、同時に風邪をひきやすくなる時期にも当たるため、菊の花を食べていました。菊には、清熱解毒作用、抗炎症作用、鎮咳去痰《ちんがいきょたん》作用などがあり、風邪対策になっていました。

節句の行事は、稲作とも関連していたのです。

円の日

明治2年（1869年）3月4日に明治政府が貨幣を円形にする制度を定めました。円貨が出来るまでは、楕円形、円形、四角形など、様々な形の貨幣が作られていました。江戸時代までは、「両」「分」「文」がお金の単位でした。

日本最古の貨幣は、飛鳥時代の「富本銭《ふほんせん》」と言われています。奈良時代から平安時代には「和同開珎《わどうかいちん》」などが作られましたが、その後に中国との貿易が盛んになると中国の貨幣を使うようになります。

江戸時代になって、幕府が発行する金貨・銀貨・銅貨に統一されましたが、その他に、全国各地の藩でも「藩札」という紙幣などがありました。幕末になると、世界との外交も始まり、海外の硬貨も大量に流入し、日本も貨幣を統一する必要が出てきました。

明治4年5月10日から新貨条例によって、「円・銭・厘」という新単位を決められ、貨幣はすべて造幣局で製造されることになりました。基本通貨単位である「円」の100分の1を「銭」、「銭」の10分の1を「厘」と定めました。

新しく作られた貨幣は、金貨・銀貨・銅貨合わせて13種類でしたが、1円硬貨だけは金貨と銀貨の2種類が作られました。

金貨の方は、金が1・5gも使われていました。新硬貨の図柄には、天皇の肖像も検討されましたが、それを人の手で触れることは畏《おそ》れ多いという理由から採用されませんでした。銀貨は、主に外国との貿易用に作られ、使用場所も全国5カ所の港だけと決められていました。

古いお金は新しいお金に交換され、1両＝1円でした。米国のドルも1ドル＝1円でした。

こうして現在、日本の円は、世界でも信用価値の高い貨幣として認められています。お金を利用した経済活動は、様々な理想の実現には必要なものです。

でも、頭や心の中には貨幣価値は必要ありません。現代の資本主義の元では、多くの人に、すべての事象を経済的金銭価値で判断してしまう傾向が出ています。それが様々な面で歪《ゆが》みを生み出しています。

金銭を得ることばかりに囚われ、物の本質を見ようとしない人は、自ら檻の中に入るようなものです。経済というものをよく考えて、心だけは金銭的価値観と離れて、理念に沿って活動出来る社会を再構築することが必要だと思います。

国際女性の日

3月8日。「国際女性の日」は、女性の権利を守るために国連（国際連合）によって制定された、女性の社会的、経済的、文化的、政治的な成果を称える日です。

毎年この日には、国連事務総長が女性差別の撤廃を支持して、男女平等な社会を目指した環境整備などを各国に向けて呼びかけています。

すべての女性に感謝と敬意を込めて、母親やパートナー、友人知人などに感謝を伝える日です。また、4月10日は「女性の日」です。

現代の日本は、男女格差を示すジェンダーギャップ指数が低く、格差の強い国と評価されています。

２０２４年は、１４６カ国中１１８位、先進７カ国から大きく離れ、アジア諸国でもとても低いランクです。特に政治・経済分野での女性の進出の遅れや賃金格差、差別的な対応などが指摘されています。

私たちの生きる世界は、これまで男性性優位の時代が続いていました。男性性が優位だと、攻撃性や支配性も優位になり、人々の権力争いや自然界に対する征服欲も旺盛で、強いリーダーに従うような組織が主流となってきました。その結果が今の世界情勢に表れています。

女性の地位が低くなると、その社会は美しい調和を失います。男性と女性の重要性は、完全に平等です。男性も女性も、それぞれ特有の能力を活かした役割を持っています。でも、社会的な平等意識がなければ、その能力を十分に発揮する機会を奪ってしまうことになります。

古代の日本では、女性はとても高貴な地位を確立していました。女性は、母なる大地の繁栄の象徴だからです。すべての女性に対して、子供が自分を生んでくれた母に示すような敬愛の念を持つべきです。

この平等性は、霊的なレベルにも適用されるものです。

誰もが、自分自身の中に男性性と女性性を持っています。その割合は、現在の性別、過去世の蓄積、環境などによって多寡があります。

心の平安と調和をこの世界に顕現するためには、このどちらの性も学び、自分の中で統合して安定した調和をとっていく必要があります。

それは、社会や自己の調和的な活動だけでなく、人間関係の相互理解や調和、さらには霊性を高めていく上でとても役立ちます。


地球は現在、霊的太陽に近づく軌道に入っており、その影響で物質宇宙に形成されている二元性の両極が融合しやすい磁場が形成され、女性性が優位性を持ち始めて男性性と融和する時代に入ったと言われています。

ただ、性の両極が均等に融合するとしても、表側の現象が均等になるということではありません。男性性は常に外側への強い行動性を有し、それを視えない形で、優しく内側への創造性や積極性へと変容させる力を持つのが女性性です。

霊性の進化には、強い男性性の推進力と探求心、それに愛を加えて光の方向へと向かわせる女性性のバランスが必要です。

男性性優位の時代には、外界に向けた科学的な探求や社会的な構造の発達のために、権力や上下関係のある組織、強いリーダーが集団を率いるという構造を形成していました。これらはある意味、別の面から霊性を発達させるために必要なことでした。

でも、これから女性性が優位になると、もっと自己の内面に意識を持っていく大きな流れが出来るため、人々はリーダーに従うよりも、自分自身のハートに従うことを優先するようになっていきます。

そうすると、外界の富や権力への関心は薄れ、人との競争の必要がなくなり、上下関係も必要なくなっていきます。お互いが自由に個性を発揮して、足りないものは分かち合うという組織へと変化していきます。相互に依存する関係ではなく、自然界と同じような共存共栄的な関係が成り立つようになっていくのです。

これは外面的な変化ですが、内面的な変化も同様に起こっていきます。

内面的な統合が達成出来れば、外の世界での男女格差も真から消えていきます。

女性性の愛（純粋理性）と男性性の叡智（純粋知性）が完璧なバランスを持った集合意識が達成されれば、至福にあふれた理想的な世界が地上に顕現することでしょう。

五箇條の御誓文

3月14日。1868年（明治元年）のこの日、明治天皇が京都御所の紫宸殿《ししんでん》で、公家や大名を率いて神に誓うという形で出されたものです。

この前年の1867年10月に将軍徳川慶喜は大政奉還し、12月には王政復古の大号令が発せられました。これにより、幕藩体制に変わり、新政府が成立。この頃の日本の世情は混乱の最中にあり、新政府は多くの問題を抱えた状況でした。

そこで、明治天皇は、自ら国難の先頭に立って、日本国を護り、発展へと導くことを念頭に、国民への協力を求めるために、「五箇條の御誓文《ごせいもん》」が布告されることになったのです。

この御誓文には、国利民福《こくりみんぷく》（国益と国民の幸福）を願う民主主義の基本と、日本国の理念が示されています。

これは今でも生きた誓文として、さらに誇り高い日本を目指して現代社会にも活かしていくことが出来るものです。

「五箇條の御誓文」を現代の意味に訳すと、以下のようになります。

一、幅広い人材で会議を行い、公正な意見によって決議すること
一、身分役職の上下無く心を一つにして、精力的に国を治め整えること
一、文官・武官だけでなく、国民も各々の職責を果たし、各自志すところを達成し、希望を持ち続けることが肝要
一、古くからの悪い習慣を破り、何事も天意に基づいて行うこと
一、知識を世界に広く求め、天皇を中心として大いに国を発展させること

国は未だかつてない大変革を行うにあたって、私自ら天地神明に誓い、重大な決意の元に国政に関する基本方針を定め、国民が平和に暮らせる道を確立しようとし

ている。皆もこの主旨に基づき、心を合わせ努力することを希望する。

3月の御誓文に続いて、同年9月に元号を「慶応」から「明治」と改め、10月に東京遷都、12月に御成婚。

翌明治2年には、版籍奉還《はんせきほうかん》（大名が治めていた土地（版）と人民（籍）を天皇に返上）、4年に廃藩置県（藩を廃止して府県に統一した政策：最初は3府302県）、5年に学制頒布（寺子屋や藩校による教育制度を一新し、大学・中学・小学校を新設）、鉄道・電話の開通、太陽暦の採用など、大変革は次々と推進されていきました。

言霊の美しさを味わう精霊の日

3月18日。日本を代表する歌人たち、柿本人麻呂《かきのもとのひとまろ》、小野小町《おののこまち》、和泉式部《いずみしきぶ》の伝承による推定命日とされるこの日が、精霊の日となりました。

日本の和歌に親しむことで、日本語の言霊の美しさを一層味わえるようになります。

短歌は「五七五七七」の三十一文字が一般的ですが、君が代は「五七六七七」の三十二文字となります。この三十一文字と三十二文字の関係には、天体の動きと宇宙の諸力が関与しています。

太陽は、天球を太陽年として356日で一周します。そして、一年を二十四に分ける二十四節気を配置する方法の一つに定気法があります。

定気法では、一太陽年の時間を均等に二十四分割するのではなく、太陽の天球上の通り道の春分点を基点に黄道を二十四分割します。

地球の軌道は正円軌道ではなく楕円軌道であるため、地球と太陽の距離が最も近くなる近日点を通過する時期に動きが速く、地球と太陽の距離が離れる遠日点を通過する時期は動きが遅くなります。そのため、節気から節気までの日数が不均等になるのです。

一年365日を定気法に従い十二分割すると、一節は三十一〜三十二日となります。

和歌に三十一文字と三十二文字があるのは、古代日本では、すでに計算された天文学が存在し、天体の月日の運行と和歌の言霊数を合わせることで、言霊と天空の諸力を融合して効果を最大限にする技術を持っていたからです。
先人たちは、今よりも天体と心身の共鳴関係を、十分に理解していたのでしょう。

古代からこの天体のリズムは、心のリズム（宇宙と人体は、大宇宙と小宇宙として正確な対応関係があります）と照応しており、リズムの隙間に魔が付きやすいことが知られていました。古くから魔物を祓うための護りの祝詞が隙間を埋める言霊三十二文字で構成されたのはこのような理由によります。

和歌が、五七五七七の五音七道《いねななみち》の形をとる理由には、多くの要因が絡んでいます。
創造主から発せられた五つの言霊、そこに加わる二つの意識エネルギー、五つの生命エネルギーの流れ、七つの霊的中枢、七つの霊光、さらに人の七段階のエネルギー構造、宇宙の万物万象に浸透する七音階の旋律など……。

和歌という天体の法則に基づいた音楽的リズムを持つ形式は、それを読み上げる人を、とても心地よく、心を清らかに、そして心豊かにしてくれます。

さらに、言霊の宇宙の摂理に従った高い周波数のエネルギーが加わることにより、宇宙の調和との一体化を促進し、天界の響きへと昇華していく力を高めることも可能です。

これは、すべての感覚を無にしていく、坐禅や瞑想といった初心者にとって敷居の高い方法と比べて、万人にとって容易な心身の浄化と強化のための一方法になります。

さらに、和歌として、音楽として利用されることで、その効力は増します。

音楽は、高次元からのメッセージを表現する方法の一つであり、精神的霊的進歩をもたらすための美と調和を導く大切なものです。個人の魂の進化に伴って、音楽に秘められたより精妙な波動を感じるようになり、マントラと同様に、それはやがて宇宙の完全なる調和への架け橋となります。

音楽的波動を表現する一方法として、日本では古くから琴《こと》も使われてきました。

古くから、琴は「琴の波」、つまり和歌の「ことのは」の力を増幅する作用があることが知られていました。それは、物質レベルを超えた精妙なエネルギーレベルにまで効力があることから、琴と言霊を利用して医学的治療が行われていた記録も残されています。

ほとんどの人は、外部からの音の重要性については認識しているものの、自分自身から発する音の重要性はあまり認識していません。

人の内部に由来する音には三種類あります。

一つ目は、心音や腹鳴のような臓器組織や器官の生命活動に由来する音。

二つ目は、生体の臓器、組織、細胞、原子を含む純粋な生命エネルギーに由来する音。

三つ目は、感情、思考、意思を含むエネルギーの音。

そして、外部に向けて発する音として、声や呼吸、拍手に代表される、身体活動で意識的に発する音があります。

これらの音はすべて心、身に大きな影響を与えています。

古代インドにおいては、人の声が完全で最高性能の楽器とみなされていました。インド音楽の音域が、人の発声出来る範囲である3オクターブ以内に限定されていることや、複数の音を同時に奏でる和音よりも旋律とリズムを優先しているのは、人の声に最適な音楽に合わせてあることが理由です。

それは、西洋の交響楽などの聴かせる音楽と違い、歌を歌う人を霊的調和に導くという目的があるからです。これは日本の和歌も同様です。

東《ひむかし》の　野に炎《かげろひ》の立つ見えて　かへり見すれば　月傾きぬ

柿本人麻呂

東の空には、ご来光が野に射し、振り向けば、月が西の空に沈んでいく。

この歌は、柿本人麻呂が軽皇子《かるのみこ》（後の文武天皇）にお供して、狩場の野に随行した時に詠んだ歌です。軽皇子を東の空の太陽に、軽皇子の亡くなった父・草壁皇子《くさかべのみこ》を沈みゆく月に見立てています。

草壁皇子は天皇に即位する前に、若くして亡くなってしまいます。この時、軽皇子は6歳であり、草壁皇子の母が持統天皇として即位して、軽皇子が帝位を継げるまで成長を待っている時の歌です。

このように和歌では、ある対象を別のものに言い換えて表現する「見立て」という表現がよく使われます。

物思へば　沢の蛍も　我が身より　あくがれ出づる　たまかとぞ見る

和泉式部

物思いにふけっていると、沢を飛びかう蛍の光も、自分の身体から出てきた魂なのではないかと思ってしまう。

これは、失恋の悲しみの中で貴船神社を参詣し、川に飛ぶ蛍を見て詠んだ歌です。悲しみのあまりに魂が身体から遊離する心境を綴ったものです。

花の色は　移りにけりな　いたづらに　わが身世にふる　ながめせしまに

小野小町

桜の花の色は、あっという間に色あせてしまった。私の身体の若さが衰えたように、春の長雨の中で恋や世間を思い悩んでいるうちに。

この歌も、「花」は花と女性の若さ、「世」は世代と男女の仲、「ふる」は雨が降ると時間を経る、「ながめ」は眺めと物思いと長雨などを架けた言葉になっています。

日本語の「カナ（神名）」のように一つの文字が一つの発音を示す音節文字は、言霊が伝えられやすい性質があります。

一つの言葉と音が一定していることで、一つの言霊の中に多くの意味を込めたり、隠喩的・比喩的表現をしやすい構造になっているのです。

日本語は、元々は神の言葉。日本語の一音一音は神の表れであり、アの神、オの神というように、全ての文字が言霊神と音霊神であり、すべての言葉に神の意図と祈りとエネルギーが内在されています。

言霊の根源は、高次の意識と非常にエネルギー密度の高い精妙な宇宙粒子から形成されており、そのほとんどは私たちが日常頼っている顕在意識で知覚出来る範疇《はんちゅう》を超えています。

一つの言霊、その組み合わせの単語、文章、そのすべてにおいて多くの意味が込められ、祈りが込められ、幾重にも重ねることが出来ます。

こんなに素晴らしい言霊を、日本人は日常的に利用しているのです。

春分（春季皇霊祭）

3月20日または21日。黄道（太陽の通り道）上の春分点を通過した太陽が、真東から上り、真西に沈み、昼と夜がほぼ等しい時間となります。地球の公転日数のずれによって、春分と秋分の日は年によって日付が変わります。現代では春分の日は「自然を讃える、生物を慈しむ」日として国民の祝日に制定されています。

春分の日には、日本では平安時代から宮中祭祀である「春季皇霊祭《しゅんきこうれいさい》」が執り行われます。皇霊殿で執り行われる御先祖様を祀る御神事で、三権の長や大臣たちも参列します。かつては「御黒戸《おくろど》」と呼ばれる仏教形式でしたが、明治維新以降は神道形式となっています。

一般の人々も神社や家の神棚で、ご先祖様を敬い、五穀豊穣を祈り、すべての生き物や自然に感謝する御神事を行う風習がありました。

春分の日には、「牡丹餅《ぼたもち》」を食べます。牡丹餅の中のあんこは、魔除けの力を持つとされる小豆が使われています。また、小豆を入れた御赤飯や鯛も食べられます。御神事の後には、精進料理を食べる日にもなっています。

メキシコにマヤ文明最大の都市とされるチチェン・イッツァ遺跡があります。「チチェン・イッツァ」はマヤ語で、「聖なる泉のほとりの魔術師」という意味です。

この遺跡で最大のピラミッドであるエル・カスティーヨには、羽を持つ蛇の姿をしたマヤの最高神であり農耕の神でもある「ククルカン」が祀られています。春分の日と秋分の日の日の入り前に、ピラミッドの階段に蛇の胴体のようなうねりのある影とピラミッドの下にあるククルカンの頭が合わさるククルカンの降臨が見られます。

このように、地球と太陽の位置を考慮して作られた遺跡が、世界各地に見られます。その中で特に重要視されたのが、夏至・冬至・春分・秋分の「二至二分」です。地球の自転軸の北側が太陽に向くのが夏至、南側が太陽に向くのが冬至、自転軸が太陽に垂直になるのが春分と秋分です。

春の社日

社日《しゃにち》は雑節《ざっせつ》の一つで、自分が生まれた土地を守っている神様である「産土神」に感謝を捧げて祀る日です。「お社日さん」とも呼ばれます。産土神は、他の土地へ引っ越した後も、一生に渡って守り続けてくれる神様です。

春分に近い暦の「戊《つちのえ》の日」が春の社日になります。秋にも秋の社日があります。


社日は、古代中国で土地神様を祀って五穀豊穣を祈願する儀式が起源です。日本でも、お米作りに大切な節目となる時期のために、定着しました。

社日には、土に触れる作業、特に農作業を休み、土地神様に感謝をして、農作物や農作物由来の物をお供えします。

北九州地方では、海から砂を持ってきて家の内外を清める社日潮斎《しおい》、山梨県では、石の鳥居を七回くぐると脳梗塞や脳出血を予防出来るなど、地域によって独自の風習があります。

春の社日に、御神酒を飲むと耳の聴こえが良くなるという風習も広く行われ、治聾酒《じろうしゅ》と呼ばれています。

聴覚は、臨終の際に肉体の五感の中で最後まで残る感覚器官です。社日の日にお酒を飲まなくても、感謝して水を飲むことで聴覚を健全に保ちましょう。

春のお彼岸（御日願）

彼岸はサンスクリット語のパーラミター（波羅蜜多）を訳した言葉です。仏教で彼岸は「向こうの世」、此岸《しがん》は現世です。

お彼岸の中日には、太陽が真東から上り、真西へ沈むために、此岸から彼岸へと渡る懸け橋となる「白道《びゃくどう》」が現れて、西にあるという極楽浄土へたどり着きやすいと考えられてきました。

言葉は海外由来ですが、お彼岸という慣習は日本だけのものです。

お彼岸の期間はお墓参りに出かけます。お墓参りで墓石に水をかける習慣は、御先祖様に喉の渇きを癒してもらうことと、御魂を清めてもらうという意味が込められています。

お彼岸は春分と秋分の日を中心とした前後7日間を指します。

この7日間にご先祖様にご挨拶すると共に、将来自らが彼岸（涅槃）の極楽浄土へと至るための日々の実践を一日一項目ずつテーマとして、再学習・再認識を行う1週間になります。自分自身に内在する太陽と向き合うため、御日願《おひがん》とも呼ばれます。

1日目　布施（人に善行を行う）
2日目　持戒（天意に沿った生き方の確認）
3日目　忍耐（愛と忍耐を学ぶ）
4日目　中日（休息・内観）
5日目　精進（霊性進化のための実践）
6日目　禅定（心を鎮める）
7日目　智慧（ありのままの真実を見つめる）

これを年に2回実践することによって、霊性進化の正しい道に立っているかを確認する1週間がお彼岸なのです。

春のお彼岸には、ご先祖様のお墓参りをすると共に、「ぼたもち（牡丹餅）」、秋のお彼岸には「おはぎ（御萩）」をお供えします。

これらは、季節にちなんだ植物のイメージが込められて命名されています。

ちなみに、植物の大和言葉には、美しい名前がたくさんあります。

スイセンは雪中花、タンポポは鼓草、梅は春告草、スズランは君影草、ツユクサは蛍草、萩は鹿鳴草《しかなぐさ》、アサガオは東雲草、サルビアは緋衣草《ひごろもそう》、カラスウリは結び文《ふみ》、シクラメンは篝火草《かがりびそう》、カーネーションは麝香撫子《じゃこうなでしこ》、ホウセンカは爪紅《つまくれない》、パンジーは胡蝶菫《こちょうすみれ》、オシロイバナは夕化粧など。

花が咲くことは花笑《はなえみ》と言います。美しい表現ですね。

ご先祖様に手を合わせるのは、お彼岸だけではありませんが、特にお彼岸中は、お墓参りに行くことが出来なくても、念入りに手を合わせて感謝の気持ちを贈りましょう。
その思いは、時空を超えて届きます。

四月

卯月・建巳月《けんしげつ》・余月・清和月・乾月・卯花月・鳥月・鳥待月・夏半・夏初月・植月・木葉採月・花残月・首夏・田植苗月

四月が「卯月」と呼ばれるのは、卯の花が咲く時期であり、また干支《えと》の4番目が卯であることに由来するという説、また、稲の苗を植える「植月」が由来という説もあります。

世界一短い定型詩

世界一短い定型詩でもある俳句は、五・七・五の十七音で構成されています。俳句には、「春」「夏」「秋」「冬」と「暮・新年」の五つの季節を表す「季語」が必ず入ります。
俳句の季語は、7000種類を超えます。
その大部分が、自然と共生する中で培われてきた言葉になります。

面白い季語を少しご紹介しましょう。

春の季語：山笑う、花の雨、風光る、土匂う
夏の季語：雲の峰、香水、万緑、虎が雨、虹、星涼し
秋の季語：天の川、色なき風、心の月、銀河、山粧《よそお》う
冬の季語：鯨、神の旅、神渡し、影冴《さ》ゆ

なお、旧暦と新暦では1カ月の差が出るため、季節の変わり目にあたる季語では注意が必要になります。例えば、四月の「卯月」は夏の季語となります。

エイプリルフールと不義理解消の日

エイプリルフールとは、4月1日の午前中には、軽い嘘をついても許されるという風習です。発祥はヨーロッパですが、その起源には諸説あるようです。

日本でエイプリルフールが始まったのは、大正時代です。

最近海外でも国内でも、大手企業が全力でユニークな嘘をインターネット上に発表することが多くなりました。嘘といっても、人を楽しませる和やかな嘘が多いようです。

実はこの日は、日本では江戸時代から「不義理解消の日」でした。

こちらは、中国発祥の行事です。

義理を欠いている人や疎遠になってしまった人に対して、不義理を詫びるための日とされていました。人間関係を修復しやすくして、思いやりと優しさを引き出してくれる良い風習です。

人は誰しも人間関係に苦しむことがあり、誤解を解けないまま疎遠になってしまい、心にシコリを残すことがあります。このような「不義理解消の日」があれば、多くのわだかまりが解消されるのではないでしょうか。

和解する時の「すみません」は、「このような出来事で大きな借りを作り、私の気が済むことではありません」という気持ちを表した言葉です。

「ごめんなさい」は、自分の行いに対する罰を免じる「御免候《ごめんそうら》え」が「御免なされ」となり、現在の「ごめんなさい」になっています。

エイプリルフールも良いですが、江戸時代から続いていた「不義理解消の日」を復活させたいものです。

新学期

日本の学校の新しい学年に切り替わる新学期は、4月1日です。

欧米では、9月が新学期になります。

明治時代初期には、日本の大学も欧米と同じ9月入学制度でした。そして旧制小学校は、新年に合わせて1月入学制度でした。


明治19年に、国の予算会計年度が4月1日から翌年3月末日と変更されて、それに合わせて徴兵検査の届け出期日も4月1日に変更されました。この変更を受けて、文部省は高等師範学校を4月入学制に変更。さらに全国の師範学校も9月から4月1日に変更になりました。優秀な人材を軍に先取りされないためです。

これらの動きを受けて、旧制小学校と中学校、旧制高等学校なども、連携を図るために4月入学制度へと変更されました。

ちなみに、学校の新年度は4月1日ですが、4月1日生まれは民法上の都合で、一つ前の学年に入る早生まれということになります。4月2日生まれの人から遅生まれとなります。これは民法上の満年齢の数え方による影響です。

神武天皇祭（神武さん）

4月3日。初代天皇である神武天皇を祀る皇室の宮中祭祀で、神武天皇の崩御《ほうぎょ》日に合わせて行われています。

江戸時代末期、孝明天皇が神武天皇陵奉幣を恒例の国家祭典とするよう希望され、明治時代になって公式に制定された行事です。明治初期から昭和23年までは国民の祝日でした。

この日の夜は、皇霊殿御神楽も行われます。

また、皇室と橿原神宮の他、各地の神社においても、神武天皇祭遥拝が行われます。2016（平成28）年には「神武天皇二千六百年大祭」が行われました。

お花見は御神事

お花見は御神事です。

四月になると日本には「山遊び」といって、農作業が忙しくなる前に、山へ御馳走《ごちそう》を持って遊びに行く風習がありました。この日は働いてはいけない日とされており、現代のお花見や学校遠足の起源となっています。この風習は、高い山に住む神様と共に食事を楽しみ、その年の収穫を見守ってもらうための大切な遊びです。**祈りをこめた遊びとは、御神事そのもの。**

このことを意識してお花見をすることが、とても大切な意味を持っています。

「さ・くら」は「さ」の神が下りてくる「座《くら》」という意味です。

また、「ささやく」には、「神々のわずかに感じられる御言葉」という意味がありました。

現代では、全国の桜の大部分はソメイヨシノという、園芸品種であるサトザクラの一品種になっています。

日本には、エドヒガン、オオシマザクラなど、桜の原種が数十種類存在します。サクラは、変異株が多く発生するために、花の綺麗な多くの園芸種が作られてきました。ソメイヨシノやカンザクラなどです。これら園芸種を総括して「里桜」といいます。

里桜は、江戸末期には、250~300品種ほどあったと言われています。特に、武家屋敷や大名屋敷の庭園などには、たくさんの品種があったようです。

しかしながら、江戸時代が終わり明治維新になって、武家屋敷や侍屋敷は政府の所有となり、屋敷の多くは取り壊されました。その際、庭園の樹木は切り倒され、薪にされたとの記録が残されています。これによって桜の多くの品種が絶滅したとされています。

この時、植木職人であった高木孫右衛門が、里桜84種を集めて保存していました。このおかげで、里桜群の大量絶滅していく中でも、多くの品種が生き残ることが出来たのです。

明治18年、荒川堤防の改修の時に、足立区江北村の清水謙吾村長の提案により、様々な品種78種の里桜が、荒川堤防の全長6㎞に渡って植樹され、全国の桜の名品が鑑賞出来る地となり、「五色桜」と呼ばれるようになりました。

それまでは、大名たちが秘蔵していて一般の人が見ることが出来なかった様々な美しい桜の品種を、誰でも見ることが出来るようになったのです。

桜に関する美しい言葉は多くあります。

サクラの開花は、「花笑う」「花笑む」などと表現されます。蕾だけの時は「待つ花」、最初に蕾が綻びはじめると「初花」、次々と開花すれば「花時」、満開になると「満開」「盛り花」となります。

見る時間帯によって「朝桜」「昼桜」「夕桜」「夜桜」「月夜桜」。

風が吹くと、次々と花びらが舞います。風に舞い落ちる桜の花びらは、「零《こぼ》れ桜」、花びらが一気に舞い散るさまは「桜吹雪」「花の雨」「花嵐」「飛花《ひか》」「花吹雪」といいます。

最後まで残る花は「名残り桜」。水面に浮かぶ花弁は「花筏《はないかだ》」。花弁がすべて散り雄蕊《おしべ》と雌蕊《めしべ》だけ残った姿も、「桜蕊《さくらしべ》」と呼んで愛でていました。桜の花びらは「散る」と言い、桜蕊は「降る」と言います。そして「葉桜」になります。

桜を見に行くのは「桜狩り」、お花見の衣装は「花衣《はなごろも》」、桜を鑑賞する人を「桜人《さくらびと》」「花人」と言います。

昔は今のような交通機関も無く、桜を見に行くのも大変だったようで、「花疲れ」「花くたびれ」などという言葉もあります。

お水の中に花びらが入ると「桜水」、大島桜の葉で巻いた和菓子は「桜餅」、塩漬けの八重桜花を入れるのは、「桜茶」「桜湯」、ご飯に入れると、「桜ごはん」、お酒では「桜酒」、お風呂に桜の塩漬けを入れるのは「桜風呂」と、様々な鑑賞法があります。

はるか遠くに見える桜は「花霞」、曇ってくると「花曇り」、桜の満開の時期の雨は「桜雨」と呼ばれます。寒の戻りがあれば「花冷え」「花の冷」で、雪が降れば「桜雪」、雪が積もれば「桜隠し」です。

花びらの上の雨粒は「花の露」、花から滴《したた》り落ちる雨は「花の雫」、雨で桜の花びらが流れてしまうのは「桜流し」といいます。
桜の美しい言葉は、まだまだあります。
美しい「言の葉」は、「言の花」でもあるのです。

豊臣秀吉は、歴史に残る豪華絢爛《けんらん》なお花見を何度か開催しています。一つは「吉野の花見」で、朝鮮出兵の敗退による暗い雰囲気を吹き飛ばすために、武将5000人を従えて、桜を見ながら大宴会を行いました。また、「醍醐《だいご》の花見」は、秀吉が他界する少し前に行われた大宴会です。「醍醐の花見」のために発案された三色団子（紅・白・緑）は、今でもお花見の風物詩となっています。

一般の庶民においてもお花見が盛んになったのは、徳川吉宗が奨励したことが大きく影響しています。吉宗の方針によって、江戸にお花見の名所が次々と作られたようです。
江戸時代に人気だったのは、桜が満開の頃よりも散り始めた頃だったそうです。ここにも、日本人の優美な感性が感じられます。

「桜は花に顕《あらわ》る」という言葉があります。
ふだんは目立たず、普通の木と変わらない桜の木も、時期が来て美しい花を咲かせると、それがとても美しい桜の木であったことがわかります。

これは、いつもは普通の人と変わらず目立たない存在でいて、必要になった時には隠された才能を発揮する人のことを喩えた言葉です。

いつでも人様のお役に立てるよう、日々才能を磨いている人になりたいものです。

鎮花祭（薬祭り）

鎮花祭《はなしずめのまつり》という儀式は、平安時代の律令の注釈書「令義解《りょうのぎげ》」に記載され、国家の祭祀として執り行われていました。桜の花が散る時に疫神《えきじん》が飛散して疫病を起こすとされ、それを鎮める御神事です。

平安時代中期の「延喜式」にも、薬草（黄蘗《おうばく》、茜）と七張の弓が奉納された記録が残されています。

現在も神饌として、薬草の忍冬《すいかずら》と百合根が供えられます。祭典には製薬業者や医療関係者が参列し、多くの医薬品が奉献されます。

この後、5月の端午の日は、野山で薬草を摘む「薬猟《くすりがり》の日」とされていました。


古代インドで医王と呼ばれ、お釈迦様の入滅を見守ったジヴァーカが、かつてタキシラ王国のヒンカラ師の元で修行していた頃の話です。

ヒンカラ師はジヴァーカに「薬にならない草木があったら、それを採ってきなさい」と命じました。ジヴァーカは、野山を駆け巡って薬効の無い植物を探し回りましたが、あらゆる植物に薬効があったために、空の籠を持って師匠の元に戻ったといいます。

「薬にならない草木は一本もありませんでした」というジヴァーカの報告を聞いた師匠は、「これで医術の修行は終わりだ。私は今、インド一の名医と呼ばれているが、いずれお前がそう呼ばれることになるだろう」と言い、修行は修了したとの話があります。


地上のどんなものにも目的がある。

病にはそれを癒す草花があり、どんな人にも使命がある。

だから私たちは、すべてのものを、すべての人を尊重しなければならない。

（北米先住民モーニングダブ）

野遊び・磯遊び

4月になると全国で「野遊び」「磯遊び」の行事が行われます。

自然と共に暮らす日本人ならではの行事です。冬の間に引き籠った心身を、自然界の波動で調律し、自然の中にいる神々や精霊たちと触れ合うことが目的になります。

今まさに、この世界に生まれたばかりであるかのように無垢な状態で、自由で純粋にいることが出来たら、それは霊性進化の正しい道を歩んでいるということに他なりません。

日本では、四季を司るエネルギーをお姫様に見立てた表現もあります。春は、「佐保姫《さほひめ》」、夏は「筒姫《つつひめ》」、秋は「竜田姫《たつたひめ》」、冬は「宇津田姫《うつたひめ》」です。

無垢な自然の中でしばらく沈黙の状態でいる時、山や風や動物たち、植物たち、そして夜空の星たちが、様々なことを語りかけてくれるように感じたことはないでしょうか？

それは、日本人の優れた能力の一つです。

山や樹木や風が語りかけてくれるなどと言うと、自然から離れてしまった人には、頭がおかしくなったと思われるかもしれません。

でも、それは実は、人が本来の自然体に戻り、内在したまま眠っている繊細で精妙な能力を取り戻した状態なのです。

私たちが深い沈黙の中で受け取る準備が出来たときに、それは起こります。

私も山岳修行を続けてきて、それを実感しています。

今見ている星の光は、時に何万年もかけて、時に何十万年もかけて地球にたどり着くものです。それはつまり、あらゆる時代の光たちが、地球の夜空に一堂に会しているということ。そこには、時間という概念も存在しません。
その中のたった一つの星の小さな光でさえ、自分の中に呼応する部分が存在し、そこには途方もなく膨大な智慧が含まれていることを、やがて理解することになるでしょう。
現代社会において、多くの人が神性さを見失っているのは、本物の自然界との関係を自ら断ち切ったことが大きな原因です。

太陽エネルギーの暖かさと心の温かさ
大空に広がる大気と肺の空気
母なる大海の水と身体の水分
大気の気流と心の動き
河川や地下水脈の水流と血液の流れ
地球の奥深くにある熱いマグマと人の心の奥に在る熱い情熱
身体を構成する素材と大地……。

すべてが本質的に全く同じものであることを、多くの人が忘れてしまっています。

自然の神性を見失うことは、自分の神性を見失うことと全く同じです。

自分の意識の奥深くに眠っている、驚くほどの純粋知性・純粋理性を目覚めさせ、健全さを保つために、自然と一体化することはとても大切です。

人が本当に聡明になるのは、自然の中で調和した時です。人が本当に優しくなれるのは、自然の中でその有難みと厳しさを体験した後です。人が本当に剛毅《ごうき》（物欲が無く、意志が強いこと）になるのは、自然界の存在たちの在り方を学んだ時です。

何も意識せずに自然の中にいるだけで、生体機能は向上し、脳が活性化することが確認されています。創造力が向上し、心を明るく強くすることもよく知られています。

私たちの深い意識は、宇宙の意識と密接に繋がっています。五感と六感をすべて使って大自然と共鳴することで、私たちはより純粋意識に近づくことが出来るのです。

健康の日（世界保健デー）

４月７日。ＷＨＯ（世界保健機関）憲章が設定された４月７日にちなみ、世界保健デー（World Health Day）が定められました。世界中の多くの国では、この日に様々な健康のためのイベントが行われます。

病気の有無に関わらず、健康について考え、よく内観し、すべての人が健康であることを願い、祝う日です。

人は、外界のあらゆる物を探求します。でも、自分自身の内面に計画的に向かう人は多くいません。最も探求する価値があり、無尽蔵の宝を持った自分自身を後回しにして、意識を外に向けています。

よく「病気になって初めて、生きていること、健康であることの価値がわかった」という言葉を聞きます。でも、病気が進行する前に、自分の状態を内観して理解していれば、未病段階で防げることも多いのです。

人は、毎日の生活の中で、もっと自分の内側を計画的に探求する時間を持つべきです。

身体とは、魂の肉体バージョンです。

言い換えると、意識が設計して作り出した生きた物質であり、意識が常に生きている身体を作り続けています。

意識には、二系統あります。

主に生体の動力となっている本能的な系統と、生体に浸透している高次元の霊性である理性的知性的な系統です。

どちらも自分の身体の健康や健全さに、大きく影響を及ぼします。


健康とは、命が輝いている状態です。

病気があっても命が輝いている人は健康なのです。病気は決して悪いものではなく、負のカルマを綺麗に燃やしてくれる神様からの贈り物です。


お釈迦様が、病気の人たちのお見舞いに行った時の記録が残されています。

お釈迦様は、病人たちに対して「早く良くなるように」とは言いませんでした。

その代わりに、「病気をよく味わいなさい」と言いました。

病気で苦しい人には、「その病気についてよく内観し、よく味わい、理解しなさい」と、お釈迦様は言いました。そして、「十分に味わったら、すべて放棄しなさい。すると、苦しみの放棄と共に、怒りの煩悩まで消えるだろう」と言いました。

楽になった人にも同じことを言いました。「その楽を、内観し、よく味わい、それから楽も捨てなさい。すると、楽と共に、楽の背後に隠れていた欲望や執着が消えるだろう」と言いました。地上での幸福には、必ず欲望と執着が一緒についてきてしまうのです。

苦と楽を繰り返す人にも、「それを内観し、捨てなさい。すると、無智が消えるだろう」と言いました。

病気は、人間の三大毒と言われる貪瞋痴《とんじんち》を消す、とても良い方法だと、お釈迦様は言ったのです。

すべての出来事には、それが起こる理由があります。それは病気も例外ではありません。

病気は、心に思うこと、感じること、言葉で話すこと、食べることや様々な行為などの生き方のどこかが自然の摂理に反している場合に、生命エネルギーの流れが停滞し、それによる調和の乱れが肉体に反映されて引き起こされます。つまり病気は、長い輪廻転生の中で培ってきた、生体エネルギー全体の履歴書になっているのです。人は、自然の摂理から外れた表現をした時に生じる苦難を通して、魂を進化させる学びの機会を得ていることになります。

私たちは、普段私たちの見えない所で全身全力を尽くして貢献し、支えてくれている自分の身体に対する感謝の意識を持っているでしょうか。

自分に最も忠実に従い、最も身近で、なくてはならない存在が、自分の身体です。出来れば少しの時間でもいいので、内観するひと時を作りましょう。そして、日々身体への感謝の気持ちを表すだけでも、身体に対する意識が大きく変わります。

身体は、生きて反応する粒子から構成されていると同時に、**身体の細胞にも器官にも個々に特有の意識があって**、自らの性質のルールに従って自律して存在しよう、何かあったら自己修復しようとする働きを持っています。

身体には、その役割に応じた様々な細胞があり、それらが集合して器官を形成します。**器官ごとに、器官に属する細胞を統括する意識があり、各器官独自の方法によって個性**

的な働きを保つことが出来ます。

器官全体が一つになって機能するのは、こうした器官の内部に宿る意識がたゆみなく働くことによって、自らのバランスと健康を維持しようと常に動いているからです。

そして、**これら各器官を司る意識は、密に複雑に連携しているため、身体は本人の顕在意識に関わらず、自らの自然な本質に沿って生成・成長・衰退のサイクルを営みます。**

このシステムが自己治癒力となって働くのですが、**システムを統括しているのは、ほかならぬ真我であり、深い部分にある潜在意識なのです。**

身体は、真我という神様の宿る神社です。

日常的に、身体の声をしっかりと聴き、自己治癒力を尊重する。

これはとても重要なことなのです。

お釈迦様の誕生日、灌仏会

4月8日は、お釈迦様の誕生日です。

紀元前500年頃に王族の子として生まれました。

灌仏会《かんぶつ》は、仏教の開祖であるお釈迦様の誕生日を祝う仏教行事です。浴仏会、仏生会、花祭り、龍華会、降誕会とも言われます。

お釈迦様の母がルンビニーの花園にいた時、満開の花に触れようと右手を伸ばした際に、右脇からお釈迦様が生まれたという伝説に基づいています。

寺院の境内に、お釈迦様が生まれた花園として「花御堂《はなみどう》」が設置されます。参拝者は、花御堂の中心の置かれた釈迦像に柄杓で甘茶を注ぎます。甘茶はヤマアジサイの亜種であるアマチャの葉の発酵茶です。甘茶は、霊的不死を与える甘露「アムリタ」の象徴でもあります。

この行為は、お釈迦様が生まれた時に、九頭の龍が清浄水を注いだとされる伝説に由来します。

お釈迦様の生まれた灌仏会、悟りを開いた成道会《じょうどうえ》、入滅された涅槃会は、三仏忌《さんぶつき》と呼ばれています。

「私淑《ししゅく》」という言葉があります。直接教えを受けない人を師と思い、尊び、その生き方から学ぶことを言います。お釈迦様をはじめとして、私たちは多くの私淑すべき人たちに恵まれています。

卯月八日

4月8日。灌仏会と同じ日に、作物の豊穣を願う行事が全国各地で行われます。地域によって様々な習わしがある、農事に関わる行事です。

西日本では、高い竹竿《たけざお》の先に野山の花々をくりつけ、竿の真ん中にも花をつける「天道花《てんとうばな》」で、農の神様を歓迎する地域もあります。先端の花は月に、真ん中の花は星にお供えする意味があるそうです。

東日本では「山遊び」と称して、農作業を休み、農の神様を山にお迎えに行くこともあります。他にも地域によって独特の行事となっています。

農作物はとても大切です。花は鼻、芽は眼、葉は歯など、私たちの身体の一部と同じ呼び名なのも、一心同体のような気持ちにさせてくれます。

雁風呂と山川草木悉皆成仏

五日ごとに季節の様子を表現した七十二候では、「玄鳥至《つばめきたる》」に続いて「鴻雁北《こうがんかえる》」というものがあります。4月9〜13日頃です。

ツバメが渡来するのと入れ替わりに、雁が北へ帰っていく時期です。「鴻」は大型のがん、「雁」は小型のがんです。渡り鳥が雲のように群れで飛んで行くのを「鳥雲《ちょううん》」、羽音が聴こえる時は「鳥風《ちょうふう》」と呼びます。

これに関して「雁風呂」という創作話があります。

秋に雁が日本にやってくる時に、小さな小枝をくわえていて、疲れると海上に浮かべて、それに頭を載せて疲れをとります。そして、日本に来ると、その小枝を海岸に落としておき、また北へ帰る時にその小枝をくわえて飛び立つ……、こんな話が信じられていました。

ところが、日本に滞在中に、人に捕まったり、命が尽きてしまう雁がいます。海岸に落ちているたくさんの小枝の中には、命尽きた雁の遺品があるとされ、その小枝を拾い集めて、それを燃やして風呂を焚き、雁の供養をすることを「雁風呂」と呼んだのです。

実際には、渡り鳥が小枝をくわえたまま海を渡ることはありません。でも、この創作話は、生き物に対する優しい日本人の心を表しているように思えます。

そして現在、残念なことに渡り鳥の数は年々減少しています。

元々日本人は「山川草木悉皆成仏《さんせんそうもくしっかいじょうぶつ》」といって、心を持たない存在にまで、人間であるかのように心を寄せる習慣がありました。ましてや、心を持つ動物に対しては、人と対等の存在という認識があります。

私たちが動物たちや植物たちの素晴らしい姿や能力を評価する時に、制限された人間の五感や思考による先入観や偏見によって、著しく歪曲《わいきょく》されてしまうことが、ようやく理解され始めてきています。

フンコロガシが糞を転がす位置を天の川の星の光によって決めていることや、植物同士が交信していることなど、一昔前には思いもよらぬことだったでしょう。すべての生物は、人間の理解の範囲を超えた能力を持っています。私たちはまだ、ごく一部のことしか知らないのです。

現状を知り、正しい認識を養っていくことで、視野は拡がっていき、私たちの思いも行動もより良いものに発展していくことでしょう。

メートル法公布記念日（度量衡記念日）

4月11日。日本は1885年にメートル条約に加盟し、1921（大正10）年4月11日に、長さや重さなどについて世界的な単位メートル法を使うことが、日本で公布されました。それまでは、日本独自の尺貫法《しゃっかんほう》が使われていました。

しかしながら、すぐに新しいメートル法に切り替えることは困難で、完全に実施されたのは数十年後の1959（昭和34）年の、計量法施行からになります。

土地に関しては尺貫法の禁止は、1966（昭和41）年3月31日以降になります。公式な取引や証明に尺貫法を用いた場合には、「3年以下の懲役、もしくは50万円以下の罰金」が科せられるようになりました。

でも、取引や証明に当たらない計量では、馴染《なじ》みの尺貫法の単位が使われる例が多くあります。例えば、家を購入する時に○坪《つぼ》という言い方をしたり、お酒を一升、お米を一合、食パンを一斤《きん》などと言います。

長さでは、1里＝約3・927㎞、1町＝約109m、1間《けん》＝約1・818m、1丈＝約3・03m、1尺＝約30・3㎝、1寸＝約3・03㎝。足や靴を計る時は、1文＝約2・4㎝が使われていました。

1尺は、地域によっても、時代によっても、使い方によっても違う長さになることがありました。和裁の尺は鯨尺《くじらじゃく》といって約38㎝、建築の尺は曲尺《かねじゃく》といい約30㎝です。

現在の高速道路には、正確に距離を把握するために「キロポスト」が設置されていますが、昔は、豊臣秀吉の時代に1里がほぼ正確に定められ、江戸時代に全国に距離を把握する「一里塚」が設置されました。

日本の長さは、基本的に人体の一部を尺度として単位が作られました。一方で、新しい基準のメートル法では、北極点から赤道までの距離の1万分の1を1mと定められました。ところが、世界一正確なメートル原器が一つしか存在しないために、現在では1mは、光の速さを利用して、光が真空で1／299792458秒で進む距離を1mと定めています。

面積では、田畑や山林の地積には町・反・畝《せ》・歩を用い、宅地や家屋の地積には坪・合・

勺《しゃく》を用いていました。これは1582年に豊臣秀吉が太閤検地を行う際に、不平等が無いように定めたものです。

1町＝9917・35平方m、1反＝991・73平方m、1畝＝99．173平方mと、1町が1ヘクタール、100アールに近いためにスムーズな移行が出来ました。

なお、1坪は、3・3平方mです。

重さでは、1貫＝3・75kg、1斤＝600g、1両＝37・5g、1匁《もんめ》＝3・75gとなります。

メートル法の例外として、「匁」があります。真珠の重さの単位はいまだに匁が使われ、世界標準単位でも「momme（モンメ）」が使われています。1匁は現在の5円玉とほぼ同じ重さです。

お米や液体では、1石＝約180ℓ、1斗＝約18ℓ、1升＝1・8ℓ、1合＝180㎖です。海外のワインが750㎖に対して、日本では720㎖なのは、4合に合わせたからです。

メートル法の優れた点は、世界共通である他にも、長さの二乗が面積となり、三乗が体積となる点です。

「一寸法師」「尺八」など、いまだに様々なところで使われる尺貫法の名残がありますので、是非見つけてみてください。

十三詣り（知恵参り・知恵詣）

十三詣りは、4月13日（旧暦3月13日）に、数え年13歳に成長した子供が、虚空蔵菩薩を祀るお寺にお参りする行事です。

「虚空蔵」とは、創造神の無限の叡智と愛が収めてある空間を意味しています。虚空蔵には、宇宙開闢《かいびゃく》以来の事象や想念がすべて記録されているという、宇宙記憶の貯蔵庫でもあります。

虚空蔵菩薩は、その空間からその人に必要な知恵や知識を与えてくれる菩薩なのです。

女の子はこの日、大人の寸法の晴れ着を肩上げして着る「本裁ち」を行います。男の子は、正装または学生服を着て参ります。

参拝後は、鳥居をくぐり終えるまで決して振り返ってはいけないというしきたりがあります。途中で振り返ると、授かった知恵や知識を返さなければならないと信じられてきたからです。

十三詣りは京都で発祥した行事で、主に関西で行われてきました。

歳には、誕生日ごとに歳をとる満年齢と、生まれ年を1歳として新年ごとに歳をとる数え年があります。

数え年の13歳は、十二支が一回りして、再び自分の干支が戻ってくる年なのです。

私たちは、生まれてからずっと虚空蔵菩薩に気づきをもらい、その気づきが積み重なって知恵となり、やがて叡智として実り、悟りへと繋がっていきます。

虚空蔵菩薩から、たくさんの知恵や知識をもらえる秘訣があります。

日常生活を丁寧にする。
すべての存在に対する愛を深める。
優しく親切に接する。
自分の持っている知識を行動に移す。

このたった4つが黄金の秘訣となります。

春の土用

4月16日頃から立夏前日まで。春の土用は、戌《いぬ》の日に「い」のつくものや白い物を食べる風習があります。

「い」につくものは、いちご、いんげん、糸こんにゃく、芋、いわし、岩魚、岩牡蠣、伊勢エビ、いくら、イカ、伊勢うどん、磯部巻きなど。白いものは豆腐、大根、しらすなど。

先に「冬の土用」についてご紹介しましたが、土用は春夏秋冬と年に4回あります。「春の土用」の期間は出来れば素足で大地に接してみましょう。砂浜でもいいです。普段から大地に接している靴たちも、綺麗にしてあげましょう。

大地と親しく出来れば、集中力が高まり、自信と落ち着きが強化されます。忍耐強くなり、何事に対しても動揺することのない強い意志と責任感、安定感が生まれます。安定したバランス感覚を保ちながら、周囲に対して奉仕する力を強化します。

そして、すべての存在との繋がりを失うことなく、高次の意識へと飛躍することが出来ます。

さらに地の力は、天から与えられる力を、地上にしっかりと降ろして有効に使うためにも重要な要素です。

天から与えられたものを、地上での愛と奉仕の行為として、一つひとつ丁寧にお返しする土台となるのです。

私たちには、高次の意識へ到達するために、地から離れようとする傾向があります。しかしながら、私たちは、この地で学び、理解し、それを強固な土台にして神へと向かう必要があります。惟神の道には、近道も飛び級もありません。地道に一歩一歩進んでいくのみです。

それは、美しい蓮の花が咲くには、泥の中にしっかりと根をはって大地と繋がることが必要であることと同じです。空高く跳躍するためには、しっかりと大地を踏み締めなければならないのです。

地の元素の強化によって心が安定し集中力が高まれば、心乱れた状態よりも、はるかに効率良く使命を成し遂げることが出来ます。

意識を集中することで心は強く静寂な深い意識状態になり、すべての行為が心を豊かにしてくれるものへと変容します。

身魂を磨く武道

4月23日は、日本武道協議会が発足した日です。

その理念を、「武道は、武士道の伝統に由来する、わが国で体系化された武技の修錬による心技一如の運動文化で、柔道、剣道、弓道、相撲、空手道、合気道、少林寺拳法（発祥は香川県）、なぎなた、銃剣道を修練して、心技体を一体として鍛え、人格を磨き、道徳心を高め、礼節を尊重する態度を養う、国家、社会の平和と繁栄に寄与する人間形成の道である」と定めています。

武道は、武芸・武術の研鑽《けんさん》を通して肉体と共に精神を鍛え、身魂を磨くものです。元々武道は、敵を倒して身を守るための術でしたが、礼節を重要視して、肉体と精神を高めていく「道」へと昇華しながら発展してきました。

江戸時代の武士道の名著「葉隠《はがくれ》」には、「内側には智仁勇《ちじんゆう》を備ふる事なり」とあります。これは、武道を極めていくには、智（知恵）・仁（優しさ）・勇（勇気）を育てることが肝要であるということです。

武道の精神の一つに「残心《ざんしん》」があります。これは、物事が終了した後も、場にいる間には、氣を抜くことなく留めておくことを言います。

例えば弓道では、矢を射る際の八つの基本動作である射法八節《しゃほうはっせつ》の最後の動作が「残心」です。弓道の行為自体が瞑想と同じ心の境地であり、矢を射た後も、その深い意識を保つことがとても大切であることを示しています。

また、柔道や剣道などにおいては、試合が終わった後も相手への礼儀を重んじ、勝負に勝っても自分の感情まかせに喜ばないことが残心の心得の一つになります。

「真行草《しんぎょうそう》」という言葉があります。これは書体の真書（楷書）・行書・草書の総称です。漢字一書きごとに明確に書く楷書は「真」、楷書を少し崩した柔らかな書体は「行書」、さらに自由に流れるような書体は「草書」と言います。この「真行草」は、茶道や華道にもそれぞれに当てはめられ、取り入れられた精神ですが、武道の技の熟達にも通じるものです。

稽古と共に熟達していく武道には、終点はありません。それは惟神の道となる自己探求の道だからです。

古くから先人たちが極めてきた「道」の中には、日本人の美しい精神が宿っています。

武道は、すべての日本人が一度は体験して、実生活に活かしていくべきものです。未来の世代、日本、そして世界のために素晴らしい未来を創るための最も優れた方法は、自分自身の精神性を高めることであり、それはそのまま武道の精神でもあります。「武道」は神と繋がる「巫道《ぶどう》」でもあるのです。

昭和の日

4月29日。この日は、「天長節」「天皇誕生日」「みどりの日」と名称が変更され、現在4つ目の名前「昭和の日」で呼ばれている祝日です。

「和」が使われた元号は、「令和」「昭和」「和銅」「仁和」「永和」「元和」など、今までに20ほどあります。一人ひとりの和の精神が集まって、大きな和である大和となります。

8世紀頃から、天皇の誕生日は「天長節」と呼ばれていました。天長節は、老子の言葉「天長く地久し」から名付けられた、天皇の誕生日を祝う日でした。そのため天皇が変わるたびに日付が変わります。

4月29日は昭和天皇の誕生日です。昭和天皇が崩御されて、天皇誕生日は12月23日に変わりましたが、名称を「みどりの日」として祝日を存続させることになりました。昭和天皇が植物を愛されていたことにちなんだ名称です。

さらに2007年に新たに「昭和の日」と改名され、「みどりの日」は5月4日に新設されました。

明治天皇の時には11月3日が「天長節」として祝日で、明治天皇の崩御の後で明治天皇を偲んで「明治節」と改名されて存続し、その後「文化の日」とさらに改名して残されています。

昭和の時代は、62年間あり、日本の元号の中でも最も長く続いた元号です。

昭和時代は、激動の時代と言われる通り、経済恐慌も戦争も高度経済成長期もあり、人々の生活や文化にとても大きな変化がありました。

昭和の日は、是非とも昭和の文化に触れてみましょう。今とは少し違う自由さや寛容さや人間味のある優しさなどが感じられることでしょう。

天地《あめつち》の　神にぞいのる　朝なぎの　海のごとくに　波たたぬ世を

（昭和天皇御製）

五月

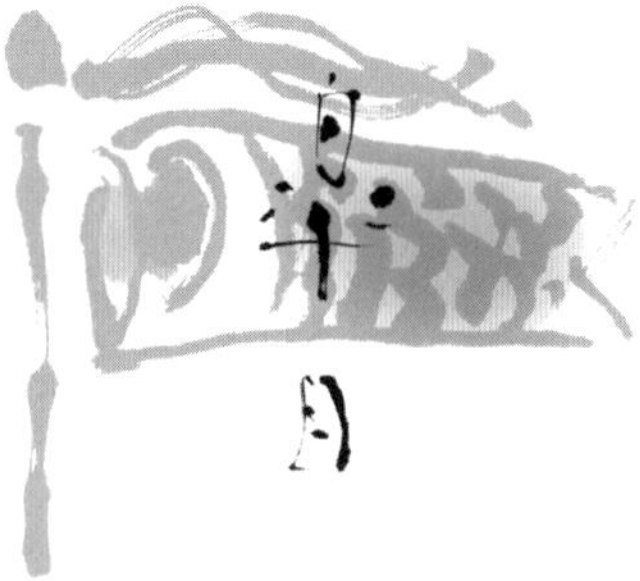

皐月・建午月・午月・雨月・五月雨月・多草月・田草月・橘月・早苗月・早月・稲苗月・神祭月・物忌月・五色月《いついろづき》・菖蒲月・月不見月《つきみずづき》・仲夏《ちゅうか》・星花《せいか》・梅天《ばいてん》

皐月の「皐」の原義は、「白く輝く」という意味になります。早苗を植える「早苗月」です。

八十八夜

雑節の一つで、立春から88日目、平年は5月2日、閏年では5月1日頃になります。八十八夜に摘まれた茶葉は高品質であり、その茶葉で淹《い》れたお茶を飲むと長生きすると言われています。新茶は、贅沢な一芯二葉摘み（または一芯三葉摘み）が基本です。この茶葉は神棚にもお供えされます。

「日常茶飯事」「朝茶は七里帰っても飲め」「朝茶は祈祷」「食後の茶は仙薬」「茶好きは老けない」「茶は酒毒を消す」などと言われるように、日本茶は日常生活に無くてはならない大切な飲み物です。

現在では、様々な製茶法が確立されて、各地で特徴のある日本茶があります。

茶葉によって、香り、味、色合いなど、様々な個性があります。

日本茶には、煎茶、玉露、抹茶、かぶせ茶、玉緑茶、番茶、ほうじ茶などがあります。

茶は、旨味成分として15種類ほどの遊離アミノ酸を多く含みます。

主なものはテアニン、グルタミン酸、グルタミン、アルギニン、アスパラギンなどで、その含量は乾燥重量当たり2〜5パーセントにも及びます。なかでもテアニンは全遊離アミノ酸の4割以上を占め、茶の旨味成分として知られています。

テアニンは茶の根で合成され、それが葉に溜まります。ただ、テアニンは日光を受けると、渋味成分であるカテキンへ変化します。そこで茶の木を被覆《ひふく》すると、カテキンへの変化が抑制され、旨味が多く渋味の少ない良質のお茶となるのです。

テアニンは、例外的に脳血液関門を通り抜けられる特性があります。そのため、テアニンを摂取すると脳波にα波が出現し、リラックス状態を示すことや、カフェインの興奮作用を抑制することが報告されています。


「八十八夜の別れ霜」という言葉がありますが、この日を境に霜が無くなるので、安心して農作業に従事出来ることを意味しています。

また八十八は、合わせると「米」という字になることから、豊作祈願の行事も行われてきました。さらには漁業でも、この時期は最も多くの種類の魚が獲れることから「魚島《うおじま》」「魚島時《うおじまどき》」などと呼ばれます。

茶葉で淹れるお茶は、心身共に優れた効能があります。さらには、自然界と一体化するための超感覚にも良い影響を与えます。

八十八夜には、是非ゆっくりと丁寧に入れたお茶を味わってみましょう。

煎茶は、一度淹れるだけでなく、急須に湯の温度と浸出時間を考慮して、煎を重ねて味わいの変化を楽しむものです。

一煎目には甘味と旨味、香りを楽しみ、二煎目には爽やかな中に少し苦味を味わい、三煎目には渋味も出てきます。四煎目には、味が薄くなり淡味を感じることを味わいます。

この味わいの変化は、人生にも喩えられるものです。煎茶は一煎ごとに、人生は年代ごとに、いかに丁寧に工夫して味わうかが大切です。

憲法記念日

５月３日。１９４６年11月３日に公布された日本国憲法の施行を記念して、１９４８年に国民の祝日として制定されました。

公布された11月３日ではなく、施行日の５月３日にされた理由は、11月３日が「文化の日（明治節）」という祝日であり、記念日の重複が好ましくないとされたからです。

毎年５月１～７日は憲法週間として、全国の裁判所などで様々なイベントが開催されています。

日本国憲法は、第二次世界大戦後に米国のＧＨＱの監督下で作成され、敗戦の翌年11月３日に公布されました。11章１０３条で構成されており、施行されたのは翌年５月３日です。

日本国憲法の三原則は、「国民主権」「基本的人権の尊重」「平和主義」です。

現在の憲法をすべて読んだことのある人は、なかなかいないでしょう。

でも、是非とも全文を読んでいただきたいのが、日本で最初に作られた憲法です。

それは、**「十七条《じゅうしちじょう》の憲法《いつくしきのり》」**です。

西暦６０４年、推古天皇の時代に聖徳太子が制定した全17条で構成された日本最初の成文法です。この時、太子は31歳でした。

ここに、「和」の心をもって日本国を一つにするという日本人の精神の源流があり、この十七条の憲法は、１４００年以上経った今もなお色褪せることなく、語り継がれています。

「一曰、以和爲貴、無忤爲宗（一に曰く、和《やわらぎ》を以て貴しと為し、忤《さか》ふること無きを宗とせよ）」で始まります。

憲法は、法律とは違い、私たち一人ひとりの権利と自由を守るためにあります。

それと共に、日本人として、さらには地球人としての理念を心に刻み、誇りを鼓舞するものであったのです。

端午の節句・こどもの日

5月5日。端午の節句は、元は5月の端《はじめ》の午《うま》の日でした。「菖蒲の節句」や、五が重なることから、「重五の節句《ちょうご》」「重五」とも言われます。

男の子の成長を祝い、厄を祓う日として知られています。昔の宮中の厄除け行事に由来しています。武家社会の発展と共に、菖蒲は「尚武」「勝負」に通じ、男の子の日となりました。

私が子供の頃は、新聞紙や折り紙で兜を作り、頭に被りました。

実は、さらに昔は、田植え前に菖蒲で巫女となる早乙女《さおとめ》・五月女《さつきおんな》の身を清める女性の日でした。また、逆に桃の節句が男性の日だった時代もありました。

田植えは、稲刈りと共に大切な御神事とされていました。早乙女とは、「さ」つまり神様と、「おと」波動エネルギー、「め」巫女が合わさった言葉です。

この日は、邪気を祓う菖蒲が酒やお風呂に使われます。菖蒲は薬草であり、この時期に増える疫病を治す力があるとされるからです。

元々この日は、「薬草の日」でもありました。飛鳥時代の日本史上初の女性天皇である推古天皇が、この日に「薬草狩り」を行ったことが起源とされています。それ以降、恒例の宮中行事とされていたそうです。

またこの日は、雨が降りそうになると竹を真横に斬り、その日の正午に降った雨を「薬雨」と称して、竹の節に溜めます。そして、その水で薬を飲むと薬効が高まると信じられてきました。

菖蒲と呼ばれる植物には、アヤメ科の花菖蒲とサトイモ科の菖蒲という二種がありま す。端午の節句に用いられるのは、サトイモ科の菖蒲です。

菖蒲の葉は、先端が尖った細長い形をしており、剣に見立てて邪気を寄せ付けないとされています。また菖蒲は、勝負や尚武《しょうぶ》(なおたけだけしい)にも繋がる言葉とされます。

地方によっては、菖蒲を屋根に挿したり、男の子の鉢巻きに挿し込んだり、枕の下に置いて寝る風習などもあります。

また粽《ちまき》を食べるのは、川で命を落とした中国(楚《そ》)の詩人である屈原《くつげん》の命日に、糸で縛った糯米《もちごめ》を水に投げて供養したという話に由来しています。

屈原は、王様の悪政に諫言《かんげん》したことで追われる身となり、川に身を投げて亡くなっています。当時の人々はその勇気ある行動を讃え、追悼したと記録されています。

日本では平安時代から粽が食されてきました。粽が笹の葉で包んであるのは、米が「火（カ）」、笹の葉が「水（ミ）」の象徴であり、それ自体で「神（カミ）」を示すことに繋がるからです。

柏餅は江戸発祥の食べ物で、新芽が出るまで古い葉が落ちない柏は、親が子を守り家系を繋いでいく象徴であり、子孫繁栄の願いが込められたものです。

一般的に関西では粽が食べられ、関東では柏餅が食べられます。

鯉のぼりは、中国の立身出世の象徴である鯉の滝上りの故事に由来するもので、子供の立身出世を願う気持ちが象徴されています。鯉は、「固霊《こひ》」であり、「確固たる霊」という意味があります。また滝上りは「高氣上り」、つまり霊性高く昇っていくことの象徴になっています。

真鯉《まごい》は父の象徴で、五行の黒、命を支える水を意味します。

緋鯉《ひごい》は母の象徴で、五行の赤、エネルギーと智慧の火を意味します。

鯉のぼりの真鯉と緋鯉の上には、五色の吹き流しと呼ばれるものが付けられています。これは、中国由来の五行の色で、邪気を祓う力を持つとされ、子供たちの健やかな成長を願って取り付けられています。

一番上に取り付ける天球は、神様を招く依り代、その下の矢車は魔除けの意味があります。

5月5日は「こどもの日」として国民の祝日に制定されていますが、世界的な記念日として「世界こどもの日」が11月20日に制定されています。

呼吸の日

5月9日。呼吸はとても大切です。

呼吸はただ生きるためだけにあるのではありません。

呼吸は「息」、すなわち「自らの心」と書く通り、心の状態と密接に関連しています。人は呼吸によって、自分の意識を神聖な方向へと向けることが出来ます。

人は呼吸によって、自分の心と生命エネルギーの流れを制御出来る、地球上では唯一の生命体なのです。

呼吸は、吸気、呼気、止息《しそく》から成り立ちます。人は地上での誕生の瞬間から地上での生命終了の瞬間まで、絶え間なく呼吸をしています。

日常生活では、呼吸は無意識下におかれ、充分に活用されていません。

特に現代では、多くの人が正しい呼吸を行っていないと言われています。浅く回数の多い呼吸は、疲労倦怠《けんたい》感や肥満、睡眠障害をはじめとした多くの身体的不調を引き起こします。

人は、呼吸によって酸素と氣を体内に取り入れます。

呼吸には、外呼吸と内呼吸があります。外呼吸は、息を吸って吐く通常の呼吸です。内呼吸とは、外呼吸によって取り入れた空気を各細胞内に取り込んで排出する細胞レベルの呼吸です。

呼吸とは、外呼吸と内呼吸がしっかりと行われてこそ、最高のパフォーマンスを発揮出来るのです。

肉体で血中に酸素を取り込む量を決めているのは二酸化炭素であり、単純に酸素をたくさん取り込めばよいというわけではありません。

血中の二酸化炭素濃度は、呼吸の仕方で大きく変えることが出来ます。呼吸が正しく出来ると、血中の二酸化炭素の圧力が高まって赤血球のヘモグロビンが酸素を手放しやすくなり、細胞組織へ酸素が行き渡りやすくなります。

一方で、過呼吸などによって細胞内の二酸化炭素が少なくなった場合には、ヘモグロビンが酸素にしっかりと結合したまま離れることが出来なくなり、細胞に酸素を渡すことが出来なくなります。

酸素濃度を監視するセンサーは頸動脈にあり、二酸化炭素を監視するセンターは呼吸中枢でもある延髄にあります。

延髄は、物質的な肉体面での重要性と同時に、エネルギー的な面においても、呼吸にとても重要な役割を担っています。呼吸の時に、宇宙エネルギーであるプラーナを体内に取り込めるのは、延髄が中心となっているからです。

まず大切なことは、普段から鼻呼吸をしているかどうかです。

鼻は、空気を吸うための完璧な構造に創造されています。

口呼吸では胸が動く胸式呼吸となり、鼻呼吸では腹部が動く腹式呼吸となります。

一般的に、胸式呼吸はストレス下でよく見られることが知られています。腹式呼吸は静かな呼吸であり、横隔膜《おうかくまく》が十分に機能している呼吸になります。

腹式呼吸は、胸式呼吸と比べるとより穏やかな呼吸で、より多くの空気を取り込むことが出来ます。横隔膜がたった1㎝下がるだけでも、200～300㎖の空気を取り込むことが可能となります。

口呼吸よりも鼻呼吸が優れている理由の一つに、鼻腔内の構造があります。

口呼吸では、吸い込んだ空気が直接体内に入ります。一方、鼻呼吸では、吸い込んだ空気はまず、鼻腔内の鼻甲介《びこうかい》と呼ばれる複雑な構造をした経路を流れていきます。ここを空気が流れる間に、空気の向きと速さが整い、湿度と温度が最適に調整されて、さらに殺菌され、エネルギーパターンが整えられます。こうして、外界の空気は整った状態に変えられてから、肺へと送られていくのです。
また、口からの吸気よりも、鼻からの吸気は呼吸への抵抗が大きくなり、その結果呼吸量がやや減って、体内に取り込める酸素量が20％増加するというメリットもあります。

また鼻腔内は、一酸化窒素が貯蔵出来る構造にもなっています。
一酸化窒素は、鼻呼吸の時に空気と共に肺へ送られます。これも酸素を組織内に取り込むための重要な役割を果たし、肺胞の血管や気道を拡張する作用があります。さらに、一酸化窒素は血圧を調整し、神経系の伝達機能を高め、免疫向上にも関与していることも判明しています。鼻腔内の一酸化窒素には、抗ウイルス抗菌作用もあります。

呼吸は、魂を肉体に縛り付けておくことも出来れば、心の働きを制御し、生命エネルギーの流れを調節して、魂の能力を引き出すために使うことも出来ます。

呼吸法には、自然な呼吸の観照《かんしょう》と、意識を用いた呼吸法の二通りがあります。どちらも大切なものです。

呼吸法の要は、呼気と吸気の間の止息にあります。

通常の生活を送る人たちは、呼吸は無意識下のものであり、意志によってコントロールする意味などないと思っています。でも実際には、**呼吸の長さや速さ、質を意識的に変えることにより、心を制御し、至福感を拡大し、より健康的な人生を送ることが出来ます。**

出来れば森林など自然の多い場所に積極的に行って、深呼吸を楽しんでみましょう。

母の日

5月第二日曜日。発祥は米国で1908年にアンナ・ジャービスという女性が、他界した母の追悼として、ウェストバージニア州の教会で白いカーネーションを配ったことが始まりです。この話を聴いた州知事が、母の日に制定すると宣言し、全米に広まっていきました。


母の日は国によって日にちが異なります。

日本では母の日が3回変わっています。

当初は、大正時代に貞明皇后陛下の誕生日である6月25日が「地久節《ちきゅうせつ》」として国民の祝日になったことから、この日が「母の日」と提唱されました。

その後、昭和になって3月6日、当時の香淳皇后陛下の誕生日が「母の日」と制定されました。

さらにその後、製菓会社が米国と同じ5月の第二日曜日に「お母さん20万人を豊島園に無料ご招待」との広告を出したことで、5月の母の日が一気に一般に認知されるようになりました。その影響は大きく、第二次世界大戦後は地久節も廃止され、米国と同じ日が母の日として定着しました。


母の日に、健在の母には赤いカーネーション、亡き母には白いカーネーションが贈られます。カーネーションの花言葉は、「深い無償の愛」で、赤いカーネーションは「母への愛」、白いカーネーションは「亡き母を偲ぶ」です。

母の日の贈り物は、カーネーションだけではありません。一緒に旅行に出掛けたり、手紙を書いたり、マッサージをしたりと、感謝の気持ちを表現する方法は人それぞれたくさんあります。大切なのは、「心からの感謝」です。

また、もう一つ、母を讃える日があります。

それは、自分の誕生日です。

自分の誕生日は、実は母が命をかけて出産という苦難を乗り越えた日です。自分の年齢が20歳であれば、母も自分の親になって20歳を迎えたことになります。だから、自分の誕生日は、母に感謝する日でもあるのです。

お釈迦様が、親の恩について語ったことが「仏説父母恩重経《ぶっせつぶもおんじゅうきょう》」という経典として残されています。

お釈迦様は、両親の恩をいくつかに分けて説いてくださいました。

・懐胎守護《かいたいしゅご》の恩

・**臨生受苦**《りんしょうじゅく》の恩

母が自らのお腹の中で身を削りながら守り育ててくれた恩

・**生子忘憂**《しょうしぼうゆう》の恩

出産というとても苦しく痛みを伴うことに耐えて生んでくれた恩

元氣に生まれた子の姿を見て、心の底から喜んでくれた恩

・**乳哺養育**《にゅうほよういく》の恩

生まれてからは、寝る間もなく母乳を与え、世話をし続けてくれた恩

・**廻乾就湿**《えかんじゅうしつ》の恩

自分を犠牲にしてでも我が子に尽してきた恩

・**洗濯不浄**《せんかんふじょう》の恩

子の排泄物や吐物なども汚いとは思わず、いつも清潔に保ってくれた恩

・**嚥苦吐甘**《えんくとかん》の恩

自分が不味いものを食べても、子には美味しいものを与えてくれた恩

・**為造悪業**《いぞうあくごう》の恩

我が身を犠牲にしてでも、いかなる手段も厭わずに子を守ってくれた恩

・**遠行憶念**《おんぎょうおくねん》の恩

子が遠くに行っても常に愛情持って見守り続けてくれた恩

・究竟憐愍《くきょうれんみん》の恩

我が身がどんな境遇になったとしても、子を思い、愛を注ぎ続けてくれる恩

神の心による最も素晴らしい傑作とは、母親の心

（リジューの聖テレーズ）

父母の恩は、山よりも高く、海よりも深い。

この恩徳に報いることは到底出来ないが、その万分の一だけでもと、出来る限り努めることを孝行という。

（江戸時代屈指の名君と呼ばれた米沢藩9代藩主・上杉鷹山）

六月

水無月・建未月《けんぴげつ》・水月・青水無月《あおみなづき》・松風月・焦月・雷月・水張月・常夏月・鳴神月・神鳴月・葵月・季月・朔月《さくげつ》・風待月・蝉羽月《せみのはづき》・長夏《ちょうか》・旦月《たんげつ》・涼暮月・弥涼暮月《いすずくれづき》

「無」は、格助詞の「の」という意味で、水無月は「水の月」ということになります。田んぼに水を引き入れる時期です。

衣替え

6月1日は衣替えの日とされています。

四季があり、寒暖差が明瞭な日本では、平安時代には「更衣《こうい》」と呼ばれる衣と調度品を季節に合わせて取り換える宮中行事がありました。当時は旧暦4月と10月の朔日《ついたち》に行われていました。

全国の神社では、今でも4月と10月に、「更衣祭」として、神様の新装束を納め、神服などを取り換える儀式が行われています。

江戸時代になると、幕府は年に4回武士たちの衣替えを定めています。

明治維新による新暦採用で6月1日と10月1日に定められ、官公庁、軍人などの制服の衣替えが学生にも採用され、一般に広がっていきました。

服の少なかった昔と、現代の衣替えはかなり様子が違います。人によっては、もう着ることのない服を断捨離するきっかけにもなります。衣替えで仕舞う服は、洗濯かクリーニングをしてから収納しましょう。

流行に追われて、大量に衣服が廃棄されています。環境省のデータによると、一日に埋め立て処分される衣類は、約1200トンにもなるそうです。流行に乗った安い商品を大量生産して、流行が去れば廃棄される風潮があり、いまだにリサイクル・リユースの少ない衣類は、物余りの現代を象徴するかのようです。

江戸時代には、リサイクル・リユースが徹底して行われ、これ以上は使いようがない布切れになるまで使用されていたといいます。褌一枚でも、レンタルが盛んだった時代です。

服は、「福」に繋がります。服を着る時には、大切に「福を着る」イメージを持ちましょう。

稽古始め

6月6日。日本では何かの稽古を始めるのには、6歳の6月6日から始めることが「吉」とされています。

これは、室町時代に能を大成させた世阿弥の「風姿花伝《ふうしかでん》」という能の理論書の記述が由来になっています。「この芸において、おほかた、七歳（満年齢6歳）を以て初めとす」と記されています。

それまではその子の自由にさせて、自然に選ぶことが出来るようになれば、生まれ持った才能が見つかるという内容が記載されているのです。

江戸時代には、歌舞伎の世界でもこの考えが広まるようになりました。

また、指折り6つまで数えると、小指が立ちます。「小指が立つ」は「子が立つ」、つまり子が自立するに通じることから、広まったとも言われています。

もちろん、学び事は何歳からでも始められます。専門的な学びには「1万時間の法則」というものがあります。一つの分野でエキスパートになるには1万時間を費やす必要があるというもの。1日8時間精進したとして、三年半は必要ということになります。

何かを学ぶ時、先人たちの知恵や技術を継承することから始めます。

万有引力の法則を発見したアイザック・ニュートンは、「私が遠くを見ることが出来たのは、巨人たちの肩に乗っていたからです」と述べています。先人たちの知恵や技術を継承し、それをさらに発展させていくことが「稽古」という言葉に秘められています。

古事記の序文に、「稽古照今《けいこしょうこん》」という言葉があります。

「古《いにしえ》を稽《かんがえ》て以て風猷《ふうゆう》を既に廃れたるに縄《ただ》し、今を照らして以て典教を絶えと欲するに補わずということなし」とあり、これは「昔のことをよく学び、廃れてしまった貴重な智恵を見直すことで、現状に活かせる。そのため、貴重な教えを絶やすことなく継承するために、この古事記を書き記す」という意味です。

そして、これを究極に短縮した言葉が、「稽古」です。

稽古は、子供たちのためだけのものではありません。

地上に下りてきた私たち一人ひとりが、使命を遂行する上で必要なものなのです。

地球でのはるか昔の時代に、神人ともいえる人たちが、人々に叡智を与えるためにこの地上に降りてきていました。

神人は、見えない世界と地上世界を繋ぎ、様々な叡智を人々に授けました。


こうした叡智は、地上においても、見えない世界においても記録されています。今でも世界各地の遺跡において、太古の智慧がシンボル化されたものが見つかります。

また、見えない世界の記録を呼び戻す作業も行われています。見えない世界に記された記録は、ある程度の霊的進化を遂げた人にしか知覚することは出来ません。

神人たちは姿を隠したものの、時代の流れの中に埋もれていく叡智を、あらゆる方法を使って人々の中に復活させています。


いずれ時が経てば、私たちも先人の仲間入りをする時が来ます。

その時に見本となるような生き方をしているか、考えてみてください。

自らの生き方を内省すれば、今何をすべきなのかは自ずとわかるはずです。

時の記念日

6月10日。天智天皇が現在の太陽暦で671年6月10日（旧暦4月25日）に漏刻《ろうこく》（水時計）で時を計り、鐘や鼓によって人々に時を知らせたことに由来します。この日は全国で時に関する行事が開かれています。

江戸時代までの時刻は、今のような「何時何分」ではありませんでした。午前0時が「真夜《まよ》九つ」、「夜《よる》八つ」「暁《あかつき》七つ」「明《あ》け六つ」「朝《あさ》五つ」「昼《ひる》四つ」とカウントダウンされていきます。今のお昼の正午は「真昼《まひる》九つ」で、そこから「昼《ひる》八つ」「夕《ゆう》七つ」「暮《く》れ六つ」「宵《よい》五つ」「夜《よる》四つ」とカウントダウンされます。

感覚的なところも大きく、季節によって日照時間も変わるために、時間の進み方は変わりました。

また、干支の十二の動物をあてはめて時刻を表すこともありました。子の刻を真夜中の0時（午後11時から午前1時まで）として、時計回りに子丑寅卯辰巳午未申酉戌亥と続きます。

各干支の動物たちがそれぞれ2時間ずつ担当します。さらに一つの動物ごとに4つ（30分ごと）に分けます。それが一つ二つ三つ四つという分け方です。「草木も眠る丑三つ時」とは、丑の時刻（午前1〜3時）の三番目の午前2時から2時半までの30分間の事をいいます。お昼の12時には午《うま》の時刻となり、それより前を午前、それより後を午後と言います。

ちなみに、干支の順番は、各動物たちにレースをさせた順位に基づくという逸話もあります。

日本には、時間を表す美しい言葉が多くあります。

少しだけここに挙げておきましょう。

「暁：夜明けが明ける頃」「朝ぼらけ：夜明けの東の空がぼんやり明るい状態」「曙《あけぼの》：夜明けの明るくなり始める時間」「月代《つきしろ》：月の出直前の月光で白くなりつつある東の空」「かわたれどき：薄暗い時間帯」「東雲：夜明け直前」「白白明《しらしらあ》け：日の出の時間帯」

「豊栄登《とよさかのぼり》：日の出直後」「朝まだき：早朝」「日盛り：日中」「逢魔が時：薄暗い夕暮れ」「黄昏：夕暮れ」「雀色時《すずめいろどき》：夕方」「暮合：夕暮れ」「暮れなずむ：暮れそうで暮れない夕方時」「火灯し頃：日が暮れて暗くなり始め」「天が紅：夕焼け空」「夕間暮れ：暗くて見えなくなった時間帯」「宵の口：暗くなった時間」「可惜夜《あたらよ》：夜明けになるのが惜しい時間帯」「小夜：夜」「人定《にんじょう》：人が寝静まる時間」「夜の帳《とばり》：夜遅く」「闇夜：真っ暗な夜」「短夜：夏の夜」「夜半《よね》：夜中」「夜もすがら：夜通し」

時間の長さでは「玉響《たまゆら》：わずかな時間」「刹那：一瞬」「寸陰《すんいん》：わずかな時間）」「瞬く間：一瞬」「一念：短い時間」「一時《いっとき》：短い時間または約2時間」「片時：約1時間」「追い追い：数年以上」「幾久しく：長い年月」「数多年《あまたとし》：長い年月」「千五百秋《ちいほあき》：限りなく長い年月」「永久《とこしえ》：永遠に続く時間」「久遠《くおん》：過去から未来まで」

一日を昼と夜の12時間ずつに区切ったのは、古代シュメール文明を受け継いだ古代エジプト人と言われています。

1時間が60分、1分が60秒になったのは、古代バビロニアで使われていた60進法が採用されたためです。「60」という数は、2・3・4・5・6・10・12・15・30と様々な数で分割出来たために便利でした。

英語の分「minute」は、ラテン語の「pars minuta prima（第一の小さい部分）」に由来し、英語の秒「second」は、ラテン語の「pars minuta secunda（第二の小さい部分）」に由来します。

現在では、世界の時刻は「標準時」という時刻で統一されています。１８８４年の国際子午線会議において、英国グリニッジ天文台を通る子午線を世界の時刻の基準と定めました。

地球は丸いので、世界各地では時差があります。地球の1周３６０度を24で割ると15度になることから、経度15度ごとに1時間の時差があります。

日本標準時は、15で割り切れる東経１３５度にある兵庫県明石市が基準と定められています。他にも東経１３５度上には、多くの市町村がありますが、明石市が一番初めに標識を作ったため、早い者勝ち方式でそのまま基準値として認定されました。

地上にいると、時間はとても大切なものになります。

時間は、命です。

生まれた瞬間から、自分の命の時間は減っていきます。

時間の経過は年齢に比例して加速する感じがします。これは、加齢に従い代謝速度が遅くなることや、子供の方が初めての経験が多く、毎日が新鮮だからです。

現代社会にいると、どうしても時間に追われ、忙しく時間を使ってしまいます。何もかもが便利になったはずなのに、時間は足りなくなりました。

すると日常の行為の中での丁寧さが失われて、気づきも減っていきます。

私たちは、あえてゆっくりと丁寧に生きることを心がける必要があります。

肉体を纏《まと》っている存在は、時に支配されます。時間は、この世界での厳しい先生です。気の短い生徒や性急な時短学習で取り繕う生徒を許しませんが、一つひとつの学びに心を込める生徒にとっては、尊い師となります。

私たちが肉体を持って地上に来ているのには、大切な目的があります。でも、それを忘れてしまった人は、貴重な時間をマインドレスな暇潰しに使ってしまいます。

光陰矢の如しという通り、一つの人生は、自分が思っているよりも短く、しかも地上にいる時間はとても貴重なものです。この貴重な時間の多くを、儚いものへの欲望や執着のために費やしてしまうのは、なんともったいないことでしょう。

日常をゆっくりと丁寧に気づきの中で生きる上手な時間の使い方を心がけたいものです。

入梅（梅雨）

入梅《にゅうばい》は雑節の一つで、立春から127日目の6月11日頃です。

南北に長い日本列島の実際の梅雨入りとは、時期が若干異なります。「梅」という漢字が使われるのは、梅の実が黄色く熟す時期の雨だからです。

この時期の雨は恵みの雨で、稲の生育に必要である以外にも、真夏の水源としての重要な役割があります。

東日本と西日本では、梅雨の降り方に違いがあります。

東日本ではしっとりと長く少しずつ降り、西日本では、雨の日と晴れの日が明確に分かれる傾向があります。これは、梅雨前線が南西からの風で活発になり、西日本では風が雲を押し上げて、積乱雲が出来やすくなるからです。

また、梅雨はこの時期だけでなく、春先の長雨は「菜種梅雨」、初夏の長雨は「竹の子梅雨」、秋の長雨は「ススキ梅雨・秋霖《しゅうりん》」、冬の始まりの長雨は「山茶花梅雨《さざんかづゆ》」と称します。また北海道には梅雨は無いのですが、本州の梅雨の時期に雨が続く場合には「蝦夷梅雨」と呼ばれます。

生まれ育った土地の気候は、その人の気質にも大きな影響を与えます。

日本のように湿潤な気候で暮らしている民族は、皆と繋がっていたい和の気質が定着します。

一方で、欧米のように乾燥した気候で暮らしている民族は、個々人が独立したドライな気質が定着します。

雲の粒の大きさは半径0・01㎜、霧の粒は半径0・1㎜、雨粒は、半径0・1〜5㎜と、雲の10〜500倍の大きさになります。

雲が出来る仕組みとしては、空気は上昇すると気温が低下するために、空気に含むことが出来る水分量が低下していきます。そのために、上空で水蒸気が凝結して雲粒になっていきます。

雲も水分が集まったものですから重さがあります。落下速度は、雲粒が1・2㎝／秒、霧が8㎝／秒、雨（直径1㎜）は700㎝／秒、大粒の雨（直径2・5㎜）は1000㎝／秒です。

雨や雪は、雲の中でぶつかり合いながら大きく成長していき、上昇気流によって支えられない重さになると落下していきます。

日本には様々な雨を表す言葉があります。

自然と日本語の相性が良いことは、その語彙にも表れています。

空から降る雨にも400種類を超える多くの美しい言い回しがあります。

これは日本人が常に自然と対話し、単なる物質以上のものを潜在的に認識しているからです。

御降《おさがり》、天津水《あまつみず》、香雨《こうう》、春雨《はるさめ》、豪雨、紅雨《こうう》、ゲリラ豪雨、土砂降り、集中豪雨、七つ下がりの雨、狐の嫁入り、雷雨、電雨《でんう》、梅雨、滝落としの雨、車軸の雨、桜流し、濯枝雨《たくしう》、分竜の雨、桜雨《さくらあめ》、霧雨、にわか雨、発火雨《はっかう》、天気雨、雪解雨、育花雨《いくかう》、養花雨《ようかう》、ひそか雨、私雨《わたくしあめ》、怪雨《かいう》、村雨《むらさめ》、慈雨《じう》、喜雨《きう》、軽雨《けいう》、陰雨《いんう》、催花雨《さいかう》、血雨《けつう》、地雨《じあめ》、泥雨《でいう》、液雨《えきう》、小雨、微雨《びう》、涙雨、瑞雨《ずいう》、小糠雨《こぬかあめ》、粉糠雨《こぬかあめ》、疎雨《そう》、濛雨《もうう》、零雨《れいう》、糸雨《しう》、細雨《さいう》、露時雨《つゆしぐれ》、神傘雨《かみがさあめ》、外待雨《ほまちあめ》、小夜時雨《さよしぐれ》、春時雨《はるしぐれ》、横時雨《よこしぐれ》、青葉雨《あおばあめ》、叢雨《むらさめ》、村時雨《むらしぐれ》、片時雨《かたしぐれ》、夕立、神立《かんだち》、袖笠雨《そでがさあめ》、肘傘雨《ひじがさあめ》、膏雨《こうう》、群雨《むらさめ》、群時雨《むらしぐれ》、早雨《はやさめ》、篠突雨《しのつくあめ》、五月雨《さみだれ》、入梅、走り梅雨、空梅雨、早梅雨、送り梅雨、照梅雨、返り梅雨、枯梅雨、荒梅雨、残り梅雨、女梅雨、男梅雨、暴れ梅雨、菜種梅雨、栗の花霖雨《りんう》、鬼雨《きう》、飛雨《ひう》、凍雨《とうう》、氷雨《ひさめ》、暁雨《ぎょうう》、天泣《てんきゅう》、日照雨、煙雨《えんう》、黒雨《こくう》、春霖《しゅんりん》、秋霖《しゅうりん》、薬雨《やくう》、翠雨《すいう》、緑雨《りょくう》、栗花落《つゆり》、甘雨《かんう》、土用雨、白雨《はくう》、驟雨《しゅうう》、白驟雨《はくしゅうう》、解霜雨《かいそうう》、秋湿り、秋入梅、秋黴雨《あきついり》、麦雨《ばくう》、黄雀雨《こうじゃくう》、黄梅の雨、卯の花腐《くた》し、遣《や》らずの雨、干天《かんてん》の慈雨、寒九《かんく》の雨、虎が雨、朝時雨《あさしぐれ》、月時雨《つきしぐれ》、北時雨《きたしぐれ》、北山時雨《きたやましぐれ》、半夏雨《はんげあめ》、雪時雨《ゆきしぐれ》、寒の雨、御山洗《おやまあらい》、鬼洗い、酒涙雨《さいるいう》、山茶花時雨《さざんかしぐれ》、冬時雨《ふゆしぐれ》など。

降った雨は海に流れ、蒸発し、土の中に浸み込んでいきます。大地に深く浸透した雨水は、再び湧き水になるまでに数十年、数百年、時に数千年以上かかるそうです。今湧出している水は、もしかすると平安時代、縄文時代の雨だったかもしれません。

地球上の水は、巡り巡ってすべての存在で、分かち合いながら共有しているものです。今から飲む水の中には、恐竜の涙やヒマラヤ山脈に降った雨だった水が含まれているのかもしれないのです。

世界気象機関では、雲を10種に分類しています。「巻雲《けんうん》」「巻積雲《けんせきうん》」「巻層雲」「高積雲」「高層雲」「積乱雲」「乱層雲」「積雲」「層積雲」「層雲」です。

古くから日本では、雲の俗称がとても多くあります。

例えば「巻積雲」であれば、鱗雲《うろこぐも》、鯖雲《さばぐも》、鰯雲《いわしぐも》など。面白い名称では、「積乱雲」は雲の峰、入道雲、雷雲、神鳴り雲、かなとこ雲、坂東太郎、丹波太郎、筑紫次郎、四国三郎、山城次郎、比叡三郎などという愛称もあります。

他の雲にも、朝顔雲、糸玉雲、雲の喧嘩、雲の波、彩雲、波笠、山かつら、乱れ笠、馬尾雲《ばびうん》、真珠母雲《しんじゅぼぐも》、風枕など綺麗な名前が付けられています。

梅雨時には、空に向かって雨の恵みに感謝してみましょう。

月次祭

全国の多くの神社で、毎月一定の縁のある日を定めて月次祭《つきなみのまつり》が行われています。

伊勢の神宮では「延喜式」に則って純粋な形式で伝承されており、6月と12月に月次祭が行われています。神嘗祭《かんなめさい》と合わせて三節祭《さんせつさい》と呼ばれています。月次祭と共に、由貴大御饌《ゆきのおおみけ》（亥刻の夕御饌と丑刻の朝御饌）という儀も行われます。同様に、宮廷においても「神今食《かむいまけ》」と呼ばれる天皇が神人共食を行う儀式があります。

基本的には月次祭は、神様からの賜り物で地上での命を養われていることへの感謝と、五穀豊穣を祈る御神事です。

霊的には、常に神との霊交を絶やすことなく、また神の天意を地上において人が顕現するための志を新たにすることを意図しています。

人は、神と同じようにこの世界を創造する力を分け与えられているのです。

和菓子の日（嘉祥の日）

6月16日。「和菓子の日」の起源は、平安時代の848（嘉祥元）年、当時猛威を振るっていた疫病を除き、健康招福を祈誓するために、仁明《にんみょう》天皇が御神託に基づいて、元号を「嘉祥《かじょう》」と改元し、6月16日に16の数にちなんだ菓子、餅などを神前に供えた御神事にちなんでいます。

それ以降、6月16日は「嘉祥の日」として継承されてきました。

鎌倉時代には、後嵯峨天皇が、嘉祥の日に宋の嘉定銭《かじょうせん》16文で食べ物を揃えて御膳にお供えされ、室町時代には、公家の間で、嘉祥の日に食べ物を贈り合う慣習がありました。

豊臣秀吉も、「嘉祥の祝い」を恒例行事としていたことが記録されています。江戸幕府でも、大名、旗本など御目見得以上《おめみえいじょう》（将軍に謁見できる資格があること）の諸士に、大広間で菓子を賜った記録が残されています。この伝統行事は、明治時代まで盛んに行われていました。

ちなみに、和食ではデザートのことを水菓子といって、甘いケーキではなく、季節の果物が使われます。それは、調理に甘味が使われることが多いからです。

一方、フランス料理では調理にほとんど砂糖が使われません。でも、フランス人一人当たりの砂糖の消費量は、日本人の倍以上なのです。これは料理に使わない分、デザートにケーキなど甘いお菓子がしっかりと使われるからです。

父の日

6月第三日曜日。母の日と同様に、父の日も米国発祥です。1907年に米国で母の日が拡がり、1914年に正式に国民の祝日となりました。この時、父親に育てられたドット夫人は、母の日があるのに父の日が無いのはおかしいと、父の日制定へと活動を開始し、亡き父の誕生日だった6月に父の日の式典を開催しました。

1916年にウィルソン大統領が父の日のことに言及したことから全米へ拡がり、1972年に米国で正式に、記念日として認定されることになりました。

母の日はカーネーションでしたが、ドット夫人が父の墓に白いバラを供えたことから、バラが定番となりました。

「おとうさん」という呼び名は、「とう」が大和言葉で「尊し、貴し」であり、それに敬称の「御」と「様、さん」をつけた言葉です。

「父」という漢字は、斧を両手に持つ形となっていて、儀式の際に斧を持ち、人々を統括する役割を持つ人という意味合いがあります。

父《ちち》は、天を以って地を知る「地知《ちち》」でもあり、母は、波《は》で繁栄していく「波繁《はは》」でもあります。

私は、せっかくの母の日と父の日なのだから、もう一歩、視野を広げてみることが良いと思います。

母の日：母を祝い、母なる地球を祝う日
父の日：父を祝い、天の父を祝う日

私たちを含め、すべての存在は、身体は母なる大地で生まれ、魂は父なる創造主に由来します。

毎日の生活に追われて、普段忘れがちな私たちすべての存在の母と父に思いをはせて、高邁《こうまい》な精神をしっかりと心に刻む日にするといいでしょう。

元号の日

6月19日。中大兄皇子《なかのおおえのおうじ》（後の天智天皇）が、日本初の元号「大化《たいか》」を制定した日です。

元号の始まりは中国で、紀元前115年頃の中国（前漢）の武帝が、空間と共に時間も支配するという思想から元号を定めたものが、起源とされています。

日本では、大化以前にも聖徳太子の時代に使われていた「法興《ほうこう》」という年号が使われ、奈良県の法隆寺の釈迦三尊像に刻まれています。ただし、この頃は朝廷が元号として公式に認めた記録がないために、私年号と呼ばれます。

朝廷が公式に認可した「大化」の後でも元号が使われない時期があり、元号「大宝」の時に施行した「大宝律令」で、元号の使用が定められました。

日本では、現在の「令和」まで、約1400年間に248の元号が定められました。

明治初期には、元号を廃止して皇紀に統一する案が審議会で可決されましたが、その後に元号と皇紀を併用することが決まりました。

明治天皇以降の元号は、「慶応《けいおう》」「明治」「大正」「昭和」「平成」「令和」です。「明治」に改元された時に「天皇一代に元号一つ」という「一世一元の詔《みことのり》（天皇の意思を伝える公文書）」が発布されました。そのため明治以後は、新しい天皇の即位の時に元号を新しくする「一世一元の制」に変更されています。

その後、正式に元号についての法律「元号法」が定められたのは１９７９年です。

【元号法】

１　元号は、政令で定める。

２　元号は、皇位の継承があった場合に限り改める。

元号に使われてきた漢字は、73文字だけです。これは、読みやすく縁起の良いものであること、さらに「四書五経」など中国の書からの出典が多いことが理由です。

明治は、易経の「明に向かいて治む」、大正は、易経の「大亨は以って正天の道なり」、昭和は、書経の「百姓昭明、協和万邦」に由来します。平成は、書経の「地平かに天成る」などから決められました。易経と書経は、中国の「四書五経」です。

令和は、史上初めて和書「万葉集」の「梅花の歌」の序文「初春の令月《れいげつ》にして気淑《よ》く風和《やわ》らぎ」から典拠《てんきょ》されたものです。

明治時代以前は、目出度いことや災害や疫病などの後などに、随時元号が改元されていました。彗星が目撃されたために改元したことも複数回あります。特に飛鳥時代から奈良時代前期までは、祥瑞《しょうずい》といって、縁起の良い印が現れたら改元することが一般的だったようです。

最初の元号「大化」の次は「白雉《はくち》」ですが、これは天皇に白い雉《きじ》が献上された記念に改元されました。貴重な亀が献上されると「神亀」、「宝亀」、「霊亀」と改元されたこともあります。

国内で初めて金が産出された時は「大宝」になり、天皇が綺麗な雲を見た時には「慶雲」になりました。天皇が湧水に手を入れると皮膚が滑らかになり、痛みが消えたことから「養老」に改元したこともあります。

元号には、多くの希望や願いが込められています。

そして元号の言霊は、人々の集合意識にも影響を与えます。

沖縄慰霊の日

6月23日。第二次世界大戦中の沖縄戦の戦没者を追悼する日。

昭和20年6月23日は、日本軍の組織的戦闘が終結した節目として定めた日です。

沖縄は、第二次世界大戦において、日本国内では唯一の地上戦が繰り広げられた場所です。そのため沖縄戦だけで20万人以上の戦死者を出し、その約半数の9万4000人余りが子供を含む一般市民でした。

沖縄戦は昭和20年4月1日の米軍の沖縄本島上陸によって本格的に開始されました。そして昭和20年6月23日未明に、沖縄防衛第32軍司令官であった牛島満《うしじまみつる》中将と同参謀長の長勇《ちょういさむ》中将が、糸満《いとまん》の摩文仁《まぶに》の司令部壕において自決して司令部の機能が停止したことから、この日が実質上、沖縄戦の終結となった日とされています。

ただ、その後も司令部の自決を知らされなかった日本兵は戦いを続け、米軍は7月初めまで掃討戦を続けました。

毎年、慰霊の日には沖縄本島糸満市摩文仁の平和祈念公園にて、沖縄全戦没者慰霊祭が行われています。

6月23日は、平和を見つめ直し、願いを新たにする大切な一日です。

私たちは、いまだに物質的な力で世界が征服出来ると妄想し、武力で世界を平和に統制出来ると勘違いしているほど、未熟な世界に住んでいます。

本当の世界平和は、私たち一人ひとりの心の中に、本当の平和を見つけた時にやってきます。

最も大切な平和は、人々の魂の中に生まれる。

万物万象と一つに繋がった一体感を感じた時に。

万物の偉大な力を理解した時に。

万物の中心に偉大な魂が存在して、その中心はあらゆるところに在り、一人ひとりの内側に在ることに気が付いた時に。

（北米先住民ブラック・エルク）

初夏の風物詩、蛍狩り

日本の初夏の風物詩として、昔は「蛍狩り」が人気でした。「狩り」は紅葉狩りと同じように、捕獲ではなく、鑑賞です。蛍は、その繊細で美しい光から「火垂る」「星垂る」とも書きます。

花火が誕生する以前は、夏の夜には蛍狩りが一般的でした。「日本書紀」や「枕草子」にも蛍の記述が出てきます。

私が幼少の頃でさえ、蛍はたくさんいたので、農薬など無いもっと昔には、とてもたくさんの蛍がいたことでしょう。

「蛍雪《けいせつ》の功」という言葉もあります。貧しくて夜の灯りのための油すら買えない若者二人が、それぞれ蛍を集めた光と雪明かりで勉強を続けたという話が故事となったものです。

世界には約２８００種類もの蛍がいるそうですが、日本には54種類の蛍が生息しています。すべての種類が光るわけではなく、幼虫だけ光る種類や、幼虫も成虫も光らない種類もいます。

光る蛍の中で全国的に有名なのは、ゲンジボタル、ヘイケボタル、ヒメボタルの３種類です。

ゲンジボタルは、緩やかな清流に住んでいます。体長約15㎜と体が大きめで、強い光で2秒（西日本産）～4秒（東日本産）おきに、ゆっくりと光るのが特徴です。光りながら優雅に飛び回る姿が綺麗です。

ヘイケボタルは、水の流れのない池や水田に住んでいます。少し小さめの体長約10㎜。小さな光を約1秒おきに点滅させます。

ヒメボタルは、平地から山岳地帯にまで住んでいます。体長6～9㎜。ヘイケボタルよりもやや強い発光で、フラッシュのようにチカチカ点滅して光ります。

地域によって差がありますが、ゲンジボタルやヒメボタルは5月下旬～6月下旬にかけて、ヘイケボタルは6月～8月までが鑑賞時期となります。

蛍が一番光るのは、日没から2時間後です。20～21時の間が、最も蛍の美しい光を鑑賞することが出来る時間帯です。

亡くなった後の蛍は、乾燥保存しておけば、何年経っても水を使えば発光するそうです。

現在急速な勢いで蛍が減少し、地域によっては絶滅しています。
その原因としては、以下のようなことが考えられます。
環境悪化：農薬、殺貝剤の使用、工場や畜産業などの廃水による汚染、家庭排水による汚染、キャンプ場設置、河川近くの大規模な伐採など。
環境破壊：里山の荒廃、ゴミの不法投棄、土木工事による土砂流入、宅地造成やゴルフ場開発、川砂利採取、河川・用水路改修、農地改良、乱獲や生息地への人の過剰な侵入など。

異常気象：洪水、渇水、水温の急激な変化など。
光　　害：人工的な光により、蛍の光のアピールが乱され、蛍の交尾が阻害される。

このような状態が続けば、蛍はやがて絶滅に向かうでしょう。

蛍を鑑賞したいのであれば、そして蛍を大切に思うならば、蛍の気持ちになってみましょう。

そのものに成りきってみる体験は、素晴らしいものです。
水を観る時は、自分も水になって流れ、
空を観る時は、自分も空の一部になって広がり、
木を観る時は、自分も大地から天に向かって広がってみる。
これを続けていくと、自然の中での自分の感覚と認識が、深い心の静寂の中で大きく変容していきます。

蛍の生息地では、ゆっくりと日が暮れていき、次第にあたりが暗くなったころから、蛍は静かに光り始めます。その光によって、パートナー探しをしているのです。

蛍は、小さな体から発する小さな柔らかい光で、パートナーを探します。

オスは強めの光を点滅させながら飛び回り、メスは優しい弱めの光をつけたまま、そっと草の上でオスを待ちます。

ゲンジボタルは、オスには2節、メスには1節の発光器があります。

オスは気に入ったメスの光を見つけると、お尻の光を強く発しながらメスに近づいていきます。それを見たメスは、直観に従いオスのパートナーを見極めて、光でお気に入りの合図をするとカップルが成立し、交尾へと移行します。

その期間は、一生のうちでたったの数日しかありません。


蛍にとって光は命。


卵の時から、幼虫、さなぎ、そして成虫まで、誕生から死ぬまでの間、一生に渡って光を優しく発しているのです。

そう、蛍には清浄な環境と共に、静かな自然な暗闇が必要なのです。


蛍が安心して生息出来る環境とは、人間にとっても、最も心安らぐ理想的な環境です。

蛍が自らの光に従ってお互いのパートナーを見つけ出すように、自らの光を放ちながら生きていくように、私たち人間も、学歴や見た目や社会的地位などといった、物質世界特有の条件に関係なく、**ハートの光に従ってパートナーを見つけ合い、自らの光を道標として生きていけば、世界はもっと幸せに包まれるように**思えます。

本格的な夏の到来、夏至

6月21日または22日。夏至は、夏に至ると書くように、本格的な夏の到来です。北半球では、日の出から日の入りまでの日中の時間が最も長い日になります。冬至と比べると太陽が出ている時間は、約5時間も長くなります。この時、南半球では天文学上は冬至になります。

夏至の日は、太陽の軌道が最も北寄りになって、高度が最も高くなります。緯度が高いほど、日中の時間は長くなり、北極圏では24時間太陽が沈まない白夜《びゃくや》になります。日本でも、沖縄よりも北海道の方が日中の時間が長くなります。北東に行くほど日の出は早くなるので、札幌では石垣島よりも2時間早く日の出を迎えます。

このように、場所が違うと太陽の影の長さが違うため、紀元前のギリシャ人は、その違いから地球の大きさをかなり正確に把握していたと言われています。

日本では農作業の繁忙期にあたり、夏至は冬至ほど重要視されてきませんでした。夏至には、是非早起きしてご来光を見つめ、その恩恵を浴びましょう。

日の出や日没の空には、太陽と反対方向を見ると、低い位置に淡いピンク色のグラデーションが見られることがあります。これは「ビーナスベルト」と呼ばれる大気現象です。そのすぐ下にある暗い紺色の部分は、地球の影が大気に投影されたもので「地球影《ちきゅうえい》」と呼ばれます。

これらは特に、空気の綺麗な海辺や標高の高い山から見ると、はっきりと見ることが出来ます。

また、夏至は酒風呂の日とされています。日本記念日協会では、酒風呂の日として年に4回「冬至」「春分」「夏至」「秋分」が認定されています。

お風呂に少し日本酒を入れて、禊をしましょう。丁寧に造られた日本酒には、高い波動が含まれています。日本酒を使う場合には、それを意識することが大切です。

英国では、ストーンヘンジから夏至のご来光を眺める夏至祭が行われています。

欧州各地にある数千年前からの巨石遺跡や木材の遺跡には、夏至の日の出や月の出の方角を重視したと推測される配置がよく見られます。南米ペルーのチャンキロ遺跡も、夏至と冬至の太陽を考慮した石の配置になっています。

日本では、二見興玉神社《ふたみおきたま》の夏至祭が有名です。夏至の日の出に向かって禊をして、日の大神・興玉大神の御神威を受けます。日本では他にも、特に日本海側に環状列柱や環状列石が多く見られます。

太陽光が貴重なスウェーデンやフィンランドなど北欧諸国では、夏至祭はクリスマスの次に重要な日とも言われています。他の国々でも、夏至祭が行われています。

夏至の日には世界各地で、灯りを消す「ライトダウン運動」が実施されます。

消灯によって、地球環境保護や電気の節制、太陽の恵みを考える日となっています。

夏越の大祓（六月祓）

6月30日。一年の半分が経過し、旧暦ではこの日を境に秋を迎えますが、実際にはこれから暑い夏が始まります。夏越《なごし》の大祓（六月祓《みなづきはらえ》）は、この半年間に蓄積された不純を取り除く行事です。

これとは別に節折《よおり》（御贖《みあが》の儀）という天皇陛下の祓の御神事も行われます。節折は、平安時代から続く天皇のためのお祓いで、古式略装装束である御小直衣《おこのろし》を召され、竹の間で行われます。天皇の背丈に合わせて篠竹に墨で印をつけて、その印の部分で竹を折ります。折った時の音によって穢れが祓われます。

夏越の大祓では、主に「茅《ち》の輪くぐり」と「人形《ひとがた》」が行われます。

夏越しの祓が近づくと、神社の参道に大きな茅の輪が設置されます。これをくぐって心身を祓います。くぐり方は各社で違いがありますが、一般的には8の字を描くように、毎回くぐる前に一礼してから、左回り、右回り、左回りに合計3回くぐって、最後に正面から真っ直ぐくぐり、神社に参拝します。

この時の唱え言葉が神社によっていろいろありますが、一般的には「祓へ給ひ 清め給へ 守り給ひ 幸《さきわ》へ給へ」で良いでしょう。

くぐるごとに心が和らぐため、「和《なご》し」でもあります。

この輪くぐりの所作は、過去・現在・未来を統合する所作にもなっています。

左回りは時間を遡《さかのぼ》ることの象徴でもあり、女性性の象徴でもあります。

右回りは時間を進めることの象徴でもあり、男性性の象徴でもあります。

真っ直ぐに進むことは今この瞬間「中今」と男性性と女性性の統合、二元性の統合の象徴でもあります。

宇宙もあらゆる創造物も、すべてがエネルギーで出来ています。エネルギーは常に流動的であり、調和的に機能していれば、美しい循環、美しい回転運動があります。

天の摂理に沿って生きていれば、エネルギーの輪は美しく回転します。私たちの意識の中にエネルギーを調和させる力があるからです。

輪くぐりは、美しいエネルギーを描くような意識で行ってみましょう。

茅の輪の素材「茅《かや》」は、「萱」とも書きますが、この漢字の意味は「忘れ草」で、過去を忘れて今に生きる能力を高めるとも言われています。

また、屋根の素材として茅葺きすることから、人々を守るという意味も込められたものです。

茅の輪に関しては、奈良時代初期の「備後国《びんごのくに》風土記」に記載がある蘇民《そみん》伝説に起源があります。いくつかのバージョンがありますが、概略は次の通りです。

ある村に貧しい暮らしをしている兄の蘇民将来《そみんしょうらい》と裕福な弟の巨旦将来《こたんしょうらい》が住んでいました。

武塔神《むたふのかみ》（実は須佐之男命）が、旅の途中でこの村に立ち寄ったところで日が暮れてしまい、一宿一飯を乞いました。弟の巨旦将来はとても裕福なのにケチで宿泊を断り、兄の蘇民将来は貧乏ながら精一杯手厚くもてなしました。

数年後に、その兄弟の地に再訪した武塔神は、蘇民に対して「一宿一飯の御礼に何かしてやりたいが、お前は家族がいるのか」と聞きました。蘇民は「妻と娘がいます」と答えると、武塔神は妻と娘に茅の輪を付けさせました。

その夜、蘇民と妻と娘を除く全員が、疫病にかかり死に絶えてしまいました。

武塔神は、茅の輪を付けていれば疫病には罹《かか》らないと教えました。

この日は、神社に行って茅の輪くぐりもよいのですが、自宅で少量の天然塩や日本酒を入れて、ゆっくりと、出来れば30分以上お湯につかってみましょう。とても良い禊になります。

禊祓《みそぎはらえ》は、いつでもどこでも行えます。一番大切なのは、心の禊祓なのですから。

禊祓を簡略化して説明すると、禊祓の禊は、霊削ぎ・身削ぎ・実削ぎ・味削ぎであり、さらに霊注ぎ・美注ぎです。

禊祓の祓は、開陽霊《はらひ》です。

禊は、身体を起点として清めていく行為です。

祓は、心を起点として清めていく行為です。
禊と祓は、両方面からのアプローチによって、効率よく心身を清める大切な行為です。
禊祓いは、自分の中の不純物を掃滅して、エネルギー調和も行います。
禊は、罪を洗い流し、女性性を調和して純粋理性を引き出し、
祓は、科《とが》を払いのけ、男性性を調和して純粋知性を引き出します。

禊祓いの目的は、三毒五濁《ごじょく》を清めることにあります。

三毒とは、貪《とん》（欲深さ）、瞋《じん》（怒り）、痴《ち》（愚かでいること）の3つです。
五濁には、2種類あります。
一つは、物質世界の5つの汚濁。劫濁《こうじょく》（天災や疫病を引き起こす社会環境の乱れ）、見濁（法則に背いた思想の乱れ）、命濁（短命になること）、煩悩濁《ぼんのうじょく》（煩悩の乱用）、衆生濁《しゅじょうじょく》（道徳の退廃）です。
もう一つは、五つの感覚器官の汚濁。視覚、聴覚、嗅覚、味覚、触覚の誤用です。

この三毒五濁が続けば、真我の霊光は減弱し、穢れが発生します。

穢れを放置すれば、主に二つの事象が起こります。

それは、「心の濁り」と「心の喧騒」です。これらは、人を物質世界の重い波動に閉じ込めて、心を神から引き離してしまいます。

常に禊祓を意識して、日常生活で心を清める意識を持つことは、惟神の道ではとても大切な心得となります。

禊祓や正しい生活習慣などによって心身を清めることを「潔斎《けっさい》」と言います。

自分自身の潔斎は、周囲の人々の潔斎となり、地域や国の潔斎へと広がり、さらには地球から宇宙の大潔斎へと繋がっていく道を作ります。

禊祓は自分の心身だけを清めるものではなく、究極的には宇宙全体を清めることに繋がっていくことも心しておきましょう。

下巻へつづく

主な参考文献

眠れなくなるほど面白い図解 日本のしきたり　（千葉公慈監修／日本文芸社刊）

季節の行事と日本のしきたり事典ミニ　（新谷尚紀監修／マイナビ出版刊）

日本の暦と生きるていねいな暮らし　（康光岐著／あさ出版刊）

大人の常識 日本のしきたり・年中行事（飯倉晴武監修／ KADOKAWA 刊）

暮らしのしきたり十二か月　（神宮館編集部編著／神宮館刊）

世界の言語は元ひとつ　（安藤妍雪著／今日の話題社刊）

陰陽五行でわかる日本のならわし　（長田なお著／淡交社刊）

にほんの行事と四季のしつらい　（広田千悦子著／世界文化社刊）

大嘗祭の世界　（真弓常忠著／学生社刊）

大嘗祭のこころ　（小野善一郎著／青林堂刊）

カラー図説 天皇の祈りと宮中祭祀　（久能靖著／勉誠出版刊）

君が代から神が代へ 上下巻

光の魂たち 植物編

光の魂たち 山岳編序章

光の魂たち 動物編

精解 神の詩 聖典バガヴァッド・ギーター（第１巻～第８巻）

神の国日本の美しい神社

（いずれも森井啓二著／きれい・ねっと刊）

PROFILE

森井 啓二 （もりい けいじ）

専門は動物の統合診療医＆外科医。東京生まれ。北海道大学大学院獣医学研究科卒業後、オーストラリア各地の動物病院で研修。1980年代後半から動物病院院長として統合医療を開始。趣味は瞑想、ヨガ、山籠り、油絵を描くこと。自然が大好き。40年前にクリヤヨギたちと会う。クリヤヨガ実践。日本の伝統を守り伝える「絆会」顧問。

著書に『新・臨床家のためのホメオパシー マテリアメディカ』『ホメオパシー 基本レメディ活用ガイド』『実践 動物と人のためのホメオパシー』『君が代から神が代へ』『光の魂たち 動物編』『光の魂たち 植物編』『光の魂たち 山岳編 序章』『精解 神の詩』シリーズ『真我の響き』『神の国日本の美しい神社』『心を浄化する奇跡の方法』『神の国日本の食と霊性』など。

Instagram
https://www.instagram.com/pipparokopia/

神の国日本の
優美な暦
和の心を活かす
神聖なしきたり

上

この星の 未来を創る 一冊を
きれい・ねっと

2025年4月22日初版発行

著　　者	森井啓二
発 行 人	山内尚子
発　　行	株式会社 きれい・ねっと
	〒670-0904　兵庫県姫路市塩町91
	TEL：079-285-2215 / FAX：079-222-3866
	https://kilei.net
発 売 元	株式会社 星雲社（共同出版社・流通責任出版社）
	〒112-0005　東京都文京区水道1-3-30
	TEL：03-3868-3275 / FAX：03-3868-6588
カバーアート	はせくらみゆき
デザイン	eastgraphy
印刷・製本所	モリモト印刷株式会社

© Keiji Morii 2025 Printed in Japan
ISBN978-4-434-35744-2

乱丁・落丁本はお取替えいたします。

誰もが訪れ、自然に手を合わせる
不思議な空間、神社
あなたはその秘密を知っていますか？

神の国日本の 美しい神社
神々と共に歩む最高の人生
森井啓二

美しい食が美しい世界を創る

宇宙と繋がり美しい地球を創造する資質を持つ日本人に

今、絶対に必要な

食生活の大改革

神の国日本の 食と霊性

神々と繋がり身魂を磨く

森井啓二

心を浄化する奇跡の方法

言霊を活かした美しく豊かな人生

「世界を変えるのは　あなたの光」

Keiji Morii　**森井啓二**

Detailed Explanations of Bhagavad Gita

「地上に存在するあらゆる書物の中で
普遍的真理に最も近い書は
バガヴァッド・ギーター(神の詩)である」

——— 20世紀最大の超能力者エドガー・ケイシー

世界中で最も多くの人を解脱に導いた奇跡の聖典「神の詩」
言葉を超えた真理を示す究極の書が紐解かれる

きれい・ねっと

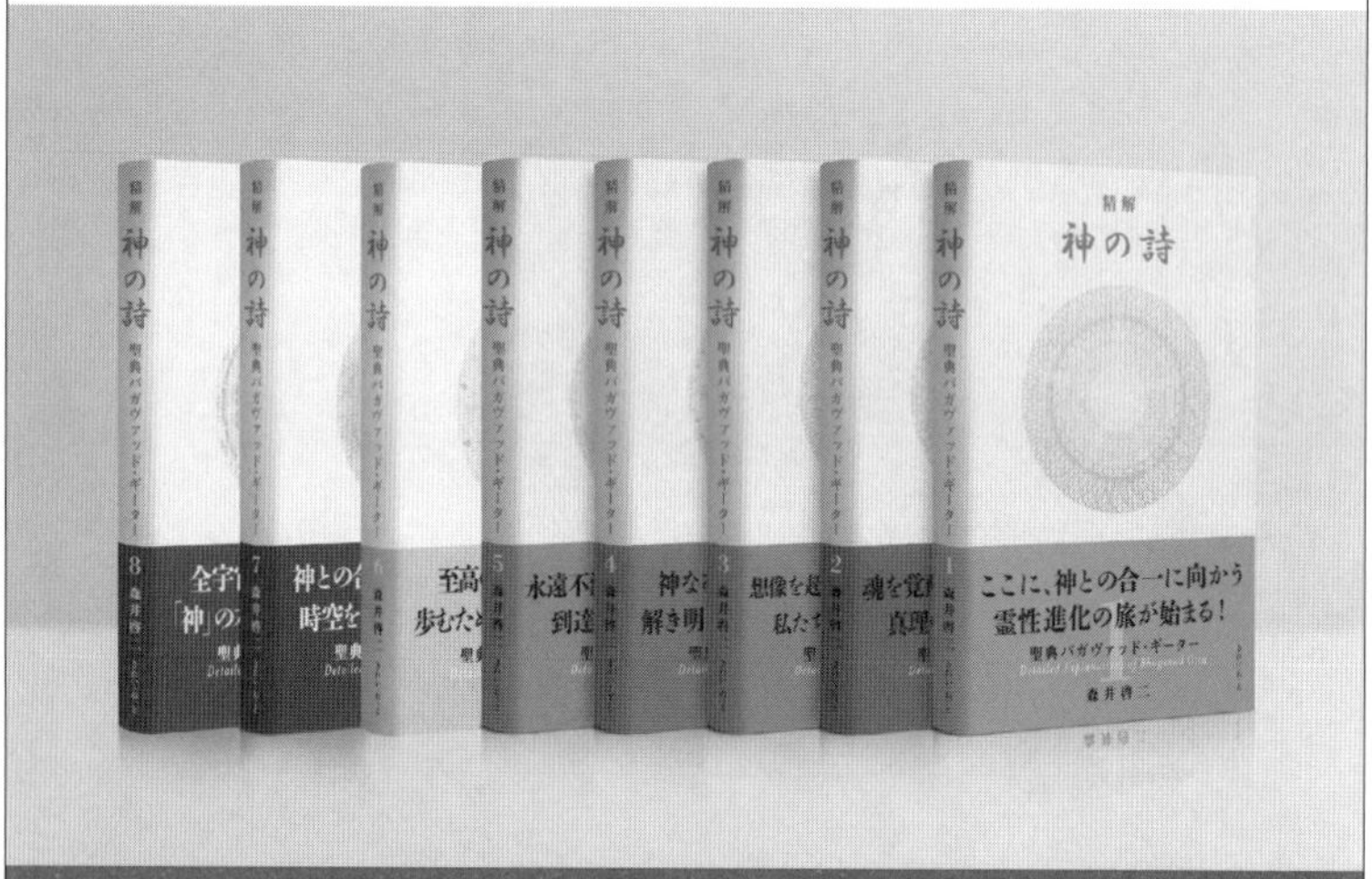

精解 神の詩 聖典バガヴァッド・ギーター ・ 森井啓二

魂を輝かせる光曼荼羅

真我の響き

Jacobs Akiko & Morii Keiji

―― さあ、真我の光を迎えましょう

光あふれる曼荼羅たちが
あなたの内側のエネルギーを美しく調和し
永遠無限の宇宙意識へと導いていきます。

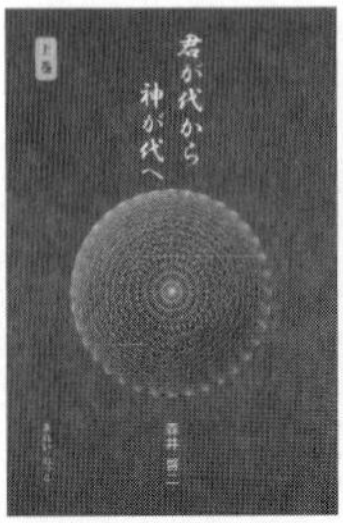

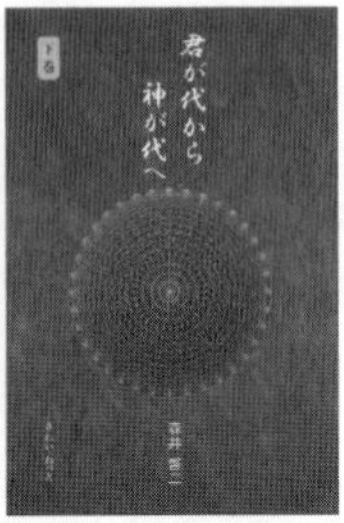

君が代から神が代へ

上・下巻

高次の存在たちからのメッセージが
生まれる前からの
膨大な記憶を保つ著者によって
時空を超え、
縦横無尽につながりあっていきます。
「老・病・死・生」という
人類普遍のテーマに沿って
丁寧に明かされていく、
人が「神が代」へと向かう（還る）ための
人類の叡智の物語。

（本体価格 各 1,500 円 + 税）

きれい・ねっと

光の魂たち 山岳編 序章

森井啓二 著

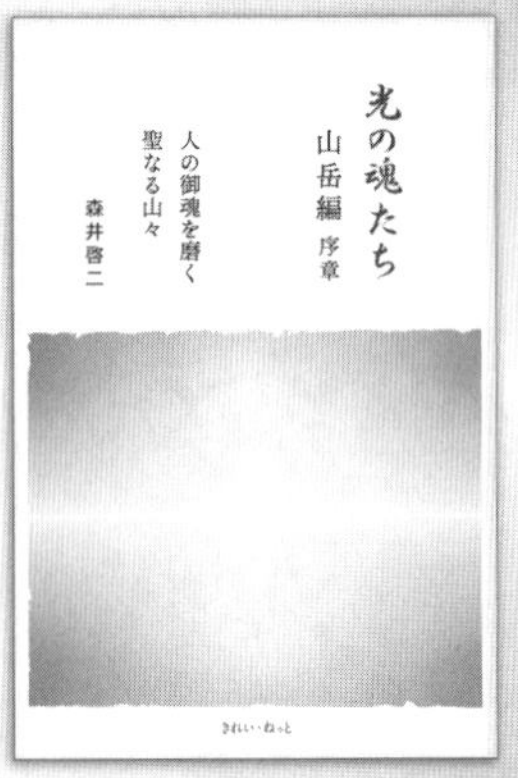

きれい・ねっと

遠い昔、日本人は万物万象の中に
神のエネルギーを感じられる、
霊性の高い民族だった。
分離から統合、
そして超越へと向かう時代が
始まった今、
想像を超える美しい世界の創造に
携わることを願うすべての人に贈る、
人と自然界を繋ぎ、魂を美しく磨き、
再び自然と一体化するための必読書！

光の魂たち

きれい・ねっと

光の魂たち 植物編

（本体価格 1,600 円＋税）

人類より遥か昔から独自の進化を遂げ繁栄してきた植物。現代では大半の人々が植物の恩恵と繋がりを忘れて暮らしています。植物を深く理解し共鳴する体験を経て、完全な統一性と調和を体験し、より高い霊的成長を遂げるために実践すべきことが、いまここに知らされます。

光の魂たち 動物編

（本体価格 1,600 円＋税）

いま、私たち人類の生活が原因となって、年間 3 万種もの貴重な生物種が地球上から絶滅していっています。自然と調和して生きる動物たちから学び、慈悲の心と勇気ある行動を選択することが必要です。霊性進化による統合の時代の到来を目指すすべての人に贈る必読書。

きれい・ねっと

神理の扉

聖なる変容と霊性進化の道

森井啓二 ◆ 光田 秀

エドガー・ケイシー研究の第一人者、光田秀と、
医療者でありクリヤヨガの実践者、森井啓二。

二人の探求者が、
地の理に囚われて生きる多くの人々に、
天の理、すなわち神理の扉を
開くためのきっかけを与え、
自らの内側への探求の道を歩む
道標のひとつともなる珠玉の一冊。

新 臨床家のためのホメオパシー

マテリアメディカ

現代医療に疑問を持ち
統合医療の必要性を感じる
すべての人に役立つ、
まさに福音の書！

日本人による、日本語で書かれた 唯一のホメオパシー薬物事典。

増補改訂版

ホメオパシー 基本レメディ活用ガイド

誰の身体にも内在する自己治癒力を引き出す
理想的な治療法のひとつであるホメオパシー治療。
そんなホメオパシーの代表的なレメディについて
分かりやすく徹底解説。
ホメオパシーを適切に活用し、
より質の高い人生を送りたいと願う
すべての人に役立つ、
セルフケアのための決定版！

2024年7月
発売

特別価格 4,000円
(定価 4,400円)

✻ 編著 森井啓二 ✻ きれい・ねっと ✻